Hanni Rützler | Wolfgang Reiter | food change

Impressum
Das Werk, einschließlich aller seiner Teile, ist urheberrechtlich geschützt. Jede
Verwertung außerhalb des Urheberrechtsgesetzes ist ohne Zustimmung der
Hubert Krenn VerlagsgesmbH unzulässig und strafbar. Das gilt insbesondere für
Vervielfältigungen, Übersetzungen, Mikroverfilmungen sowie die Einspeicherung
und Verarbeitung in elektronischen Systemen. Eine Haftung des Verlags und
seiner Beauftragten für Personen-, Sach- oder Vermögensschäden ist
ausgeschlossen. Jede gewerbliche Nutzung der Arbeiten und Entwürfe ist nur
mit Genehmigung der Hubert Krenn VerlagsgesmbH gestattet.

© HubertKrenn VerlagsgesmbH 2010

Cover und grafische Gestaltung: Werner Korn
Lektorat: Stefan Pott
Korrektur: Alexander Sprung
Druck und Bindung: Druckerei Theiss GmbH, A - 9431 St. Stefan
Printed in EU 2010

ISBN: 978-3-99005-031-6

Hanni Rützler
Wolfgang Reiter

food change

7 Leitideen für eine neue Esskultur

Inhalt

Wege entstehen dadurch, dass man sie geht.

Franz Kafka

Ein Leitung. Ein Vorschlag.

Die Zukunft schmeckt gut.

Vielfältig.
Wertvoll.
Authentisch.
Sinnhaft.
Ursprünglich.
Frisch.
Exotisch.
Unverfälscht.
Einfach.
Gesund.

*A*llerdings gibt es eine Bedingung für diesen Hochgenuss, sozusagen eine Zutat, ohne die es nicht geht – wir müssen heute dafür sorgen, dass uns die Zukunft morgen auch so serviert werden kann. Das ist die Idee dieses Buches:
Der „Food Change" kommt. Aber wie er aussieht und vor allem: wie er ausgeht, das ist völlig offen. Wir möchten Restaurantbesitzern, Winzern, Cateringfirmen, Hobbyköchen, Lebensmittelproduzenten, Verbandsfunktionären, Handelsmanagern, Unternehmensberatern und allen anderen, die in irgendeiner Form mit unserem Essen zu tun haben, also uns allen einen Vorgeschmack davon geben, was möglich ist, aber auch: was alles nötig ist, um die oben genannte Zukunft aufzutischen. Sie wird aber nur großartig sein, wenn wir dabei groß denken:
Das Zusammenwachsen der Welt hat Geschmacksvorstellungen, Nahrungsmittelangebote, Logistikketten, Nachfragestrukturen und Marktentwicklungen grundlegend verändert; was Inder und Chinesen essen wollen, beeinflusst die Bauern in Iowa ebenso wie die in Vorarlberg und ein Winzer aus der Wachau kann seinen Wein natürlich in Österreich, den USA oder in Indien verkaufen. Und wer hätte vor zwanzig Jahren gedacht, dass gerade die Globalisierung das Revival der Regionalisierung fördern würde? Oder dass ausgerechnet eine klassische Supermarktkette Vorreiter in Sachen Bio sein würde, wie es in Östereich passiert ist?

Dieses Buch möchte daher zeigen, dass wir den „Prozess Zukunft" gestalten können, dass alle, vom Produzenten bis zum Konsumenten, bei diesem Menü von Morgen die Köche sind; mit jedem gefüllten Einkaufswagen, jeder Etikettengestaltung, jeder Speisenkarte, jedem Marktstand und jeder EU-Verordnung wird die Zukunft unserer Ernährung geformt.

Deswegen ist dieses Buch auch nicht neutral gegenüber den vielen Formen von Zukunft, die für uns möglich sind; wir sind der festen Überzeugung, dass Zukunft nicht gleich Zukunft ist.

Natürlich ist besser als künstlich.
Umweltgerecht ist besser als umweltbelastend.
Vielfältig ist besser als eintönig.
Gemeinsam ist besser als einsam.
Oder einfach: Besser ist mehr.

Wir haben deshalb sieben zukunftsweisende Leitideen entwickelt, die zwei Prinzipien folgen:

1. Wir sehen sie heute schon von Pionieren in der Lebensmittel- und Gastronomiebranche realisiert und von Konsumenten dankend angenommen
2. Wir erachten sie im europäischen, postindustriellen Kontext als alltags- bzw. markttauglich

Sie sind unsere Empfehlungen für die nächste Gegenwart, und wann Sie was davon umsetzen, bleibt selbstverständlich Ihnen überlassen. Dieses Buch übernimmt es nur, Ihnen den Mund wässrig zu machen auf diese „nächste Gegenwart", die vielleicht die beste wird, die es je gab.

Guten Appetit!

Hanni Rützler und Wolfgang Reiter

Besser statt mehr

In Zukunft werden wir nicht weniger haben,
sondern weniger wollen – und viel mehr davon haben.

Lieber kein Huhn als irgendein Huhn.

Eckard Witzigmann

Will James ist aus dem Irak-Krieg zurückgekehrt. Der draufgängerische Bombenspezialist, der zuvor auch in Afghanistan im Einsatz war, versucht sich wieder im zivilen Leben zurecht zu finden. Wir sehen ihn vor einem riesigen Regal für Cornflakes und andere Cerealien in einem amerikanischen Supermarkt, in den ihn seine Ex-Frau zum Einkaufen geschickt hat. Das überhelle Licht lässt die Menschen blass und die Farben der Verpackungen rauschhaft bunt erscheinen und es sieht fast so aus, als ob sich James an seinem Einkaufswagen festhalten wolle, so verloren steht er da. Als die Kamera aufzieht, sehen wir, was der Kriegsheld sieht: Ein zwei Meter hohes, nicht enden wollendes Regal mit Dutzenden Marken, Hunderten von Sorten, Tausenden von Packungen und Millionen von Logos, Abbildungen und Erläuterungen. Der Soldat bleibt einen Moment konzentriert stehen; dann wendet er sich ab und verlässt das schaurige Paradies ohne eine einzige Packung mitgenommen zu haben.

Was hier in einer sechzig Sekunden langen Sequenz aus *The Hurt Locker*, dem Sensationssiegerfilm der Oscarnacht 2010, die Entfremdung des Soldaten von seiner Heimat darstellt, ist auch das perfekte Sinnbild für unsere Entfremdung von unserer Ernährungswelt: Wir haben alles, wir haben genug von allem – und genau davon haben wir nun genug!

Vom Satt-Haben

Das ist ein ziemlich neues Phänomen. Denn historisch betrachtet war Nahrung immer knapp und unsicher. Auch in unseren Breiten sah sich der Großteil der Menschen jahrtausendelang mit Mangel konfrontiert. Daraus folgende Krankheiten und die Sorge zu verhungern prägten unseren Alltag – bis hinein in die unmittelbaren Jahre nach dem Zweiten Weltkrieg. Mehr Essen zu haben, mehr zu trinken, war Zeichen von Wohlstand, der bis vor kurzem nur wenigen gegönnt war. Dies zu erreichen ist daher ein tief in den Genen verankerter Instinkt, dem bisher grosso modo alles im Zusammenhang mit unserer Ernährung untergeordnet war und dem unsere ganze Phantasie galt.

Die Vorstellung vom lukullischen Utopia, von gebratenen Gänsen und Truthähnen, Tauben und Kapaunen, Lerchen und Krammetsvögeln, die durch die Luft fliegen und die, „wem es zu viel Mühe macht, die Hand danach auszustrecken … schnurstracks ins Maul hinein fliegen", wie es in Ludwig Bechsteins *Geschichte vom Schlaraffenland* heißt, übte daher von alters her eine besondere Faszination auf uns aus. Sie ist schon im 5. Jahrhundert v. Chr. bei den griechischen Dichtern Telekleides und Pherekrates nachzulesen. Im 15. und 16. Jahrhundert taucht die Idee als Parodie auf das Paradies bei den Satirikern Sebastian Brant und Hans Sachs auf. Und mit den Märchen der Gebrüder Grimm und Ludwig Bechsteins hielt das Land, in dem Wein statt Wasser aus den Quellen sprudelt, Käseräder so zahlreich wie Steine am Wegesrand liegen und gebratene Spanferkel frei umherlaufen, auf dass ein jeder sich jederzeit satt esse, schließlich Einzug in unsere Kinderzimmer.

Würden wir heute Telekleides, Sachs oder Bechstein durch unsere Lebensmittel-Mega-Märkte geleiten, sie durch die Restaurant-Flaniermeilen in unseren Stadtzentren führen, ihnen einen Blick in unsere heimischen Kühlschränke gewähren, sie würden sich wohl in jenem Schlaraffenland wähnen, das sie in ihren Satiren über das Dolce Vita beschrieben haben. Und sie hätten recht: Noch nie in der Geschichte sind so viele Menschen jeden Abend satt ins Bett gegangen, noch nie konnten wir dafür auf eine so unterschiedliche Vielzahl an Lebensmitteln und Speisen zurückgreifen. Die Utopie vom Schlaraffenland ist Wirklichkeit geworden. Und zumindest wir, die Bürger der Europäischen Union, leben mittendrin. Essen, so scheint es, ist so normal wie Luft und Wasser.

Ein Leben also wie im Märchen? Ja, doch nicht immer gibt es ein Happy End. Vielen heutigen „Schlaraffen" fällt es schwer, mit dem nahezu unbegrenzten Angebot an Lebensmitteln, mit den an jeder Ecke verlockend duftenden Speisen, mit dem Lockruf der allgegenwärtigen kulinarischen Bilder in Werbung und Medien vernünftig umzugehen. Allerorts trifft man auf eine Versuchung, in die man so leicht hinein beißen kann wie einst Adam in den Apfel – allein bezahlen muss man für die „reichliche Fülle". Und das eben leider nicht nur im monetären Sinne. Denn das „Zuviel des Guten" hat Folgen: Übergewicht, chronisches Übergewicht (Adipositas) und damit verbunden die frühzeitige Entwicklung von Zuckerkrankheit (Diabetes), Herz-Kreislauf-Erkrankungen und eine deutlich niedrigere Lebenserwartung.

Der große Frust

Laut einer EU-Studie aus dem Jahr 2005 steigt allein die Zahl der übergewichtigen Kinder in Europa jährlich um 400.000 Personen. Die WHO befürchtet, dass 2040 bereits die Hälfte aller Erwachsenen in den entwickelten Ländern chronisch übergewichtig (adipös) sein könnte. Gleichzeit sterben in vielen anderen Teilen der Welt täglich fast 100.000 Menschen an den Folgen von Mangelernährung und Hunger. Prognosen der NGO Working Group on Food and Hunger, die die UN-Ernähungsaktivitäten koordiniert, gehen davon aus, dass im Jahre 2050 bis zu drei Milliarden Menschen nicht genug Nahrungsmittel haben werden.

Es sieht also so aus, als ob das System, mit dem wir das Schlaraffenland erreicht haben, bestenfalls ein erster, unzureichender Versuch ist, das Menschheitstrauma von Mangel und Knappheit zu überwinden. Ein weiteres Indiz dafür ist die – im Alltag verdrängte – Tatsache, dass wir rund ein Viertel aller Lebensmittel, die wir produzieren, wegwerfen; eine aktuelle britische Studie besagt sogar, dass auf der Insel von drei vollen Einkaufstüten mit Lebensmitteln durchschnittlich eine im Hausmüll landet VGL. WRAP 2008: Weil unsere Lebensmittel zu billig sind und wir sie daher nicht wertschätzen, weil wir routinemäßig zuviel und weil wir – verführt durch kontraproduktive Preispolitik des Handels – zu große Packungen kaufen, in denen die Lebensmittel vergammeln, bevor wir sie essen können, und weil wir nicht nur genug haben wollen, sondern das Genug auch noch immer und jederzeit. Was dazu führt, dass Supermärkte und Discounter jeden Tag Tonnen von Nahrung entsorgen müssen.

„Kein Supermarkt kann es sich leisten, abends um kurz vor acht leere Gemüse- und Obstregale zu haben", sagt Michael Gerling, Geschäftsführer des EHI, eines vom Handel finanzierten Forschungsinstituts, „aber Sie können zum Beispiel ein Erdbeerschälchen, das einen Tag im Regal stand und sein frisches Aussehen eingebüßt hat, nicht mehr verkaufen." Insider schätzen, dass der Lebensmittelhandel im Schnitt etwa ein Prozent des Umsatzes als unverkäufliche Ware abschreiben und entsorgen muss, um die von Schlaraffenlandverwöhnten erwartete Allzeitverfügbarkeit auch bei Frischwaren sicher stellen zu können.

Billig kommt uns teuer zu stehen

Das ist nicht nur eine gewaltige Verschwendung, es ist – ungeschminkt gesagt – auch verantwortungslos und unmoralisch; weil Essen eben nicht ein Gut wie jedes andere ist, schon gar nicht auf einem Planeten, der es so ungleich verteilt, dass die einen daran sterben, weil sie keines haben und die anderen, weil sie soviel davon in sich hineinstopfen, dass es sie umbringt. Von den ökologischen und ökonomischen Folgekosten, die diese verschwenderische Ernährungsweise mit sich bringen, ganz zu schweigen:

- Die Entsorgungskosten für Ausschussware erhöhen die Lebensmittelpreise.
- Die Gesundheitskosten, die durch die Behandlung von Krankheiten entstehen, die durch Fehlernährung mit verursacht werden, machen in der Europäischen Union bis zu zwölf Prozent der gesamten Gesundheitskosten aus VGL. EUROPÄISCHES PARLAMENT 2008.
- Die volkswirtschaftlichen Kosten aus Produktivitätsverlusten infolge erhöhter Krankenstände, geringerer Belastbarkeit und Leistungsfähigkeit aufgrund falscher Ernährung, werden vom Europäischen Parlament noch höher geschätzt.
- Die sozialen Folgekosten (von den steigenden Ausgaben zur Vermeidung von Hungermigration bis zu internationalen Konflikten) sind in ihrer Höhe kaum zu beziffern.
- Das gleiche gilt für die ökologischen Folgekosten unseres Ernährungssystems.

Die Umweltschäden, die unsere Ernährung weltweit verursachen, nehmen schon jetzt dramatische Ausmaße an: Von Düngemitteln verseuchtes Trinkwasser, ausgelaugte und erodierende Böden, die Überfischung und die durch industrielles Aquafarming aus dem Gleichgewicht gebrachte Ökologie der Meere, die durch Massentierzucht verursachten Treibhausgasemissionen etc. etc. Und dieses Ausmaß wird deutlich zunehmen, wenn mehr und mehr Menschen insbesondere in den großen Schwellenländern den Lebensstil der westlichen Konsumgesellschaft und damit auch Teile unserer Esskultur (wie den hohen Fleischkonsum) übernehmen. Und in vielen Ländern, wie etwa China, hat diese Entwicklung bereits begonnen: Bis 2020 wird sich der Fleischbedarf der Chinesen im Vergleich zu 1995 verdoppeln, dagegen steigt die Nachfrage nach Reis, dem bisher wichtigsten Nahrungsmittel des Landes, kaum.

Auch eine Erde ist nicht genug

„Wenn jeder auf dem Konsumniveau eines Europäers oder Amerikaners lebte, bräuchten wir drei beziehungsweise fünf Planeten", sagt Franz Josef Radermacher, Leiter des Ulmer Forschungsinstituts für anwendungsorientierte Wissensverarbeitung. Weil wir in absehbarer

Zeit aber nur einen zur Verfügung haben, werden wir – ob wir wollen oder nicht – unsere Ernährungsweisen, unsere Esskultur verändern müssen: Freiwillig (und unter Bedachtnahme auf die Vorteile, die uns eine Veränderung bringen kann) oder unfreiwillig (infolge deutlicher Preissteigerungen; im schlimmsten Fall auch infolge kriegerischer Verteilungskämpfe).

Wahrscheinlich werden beide Szenarien zusammen zur Änderung unserer Esskultur beitragen. Wir wollen uns im folgenden auf die Auseinandersetzung mit dem ersten Szenario beschränken, uns fragen, wie wir zu unserem eigenen Vorteil das richtige Maß finden können? Wie wir die Möglichkeiten, die uns die Vielfalt des Marktes bereitstellt, nutzen können, ohne (gesundheitlichen) Schaden zu nehmen? Und vor allem: Was eigentlich danach kommen könnte, wenn wir begriffen haben, dass uns die Menge nicht glücklich macht?

Jeder Einkauf ist ein politischer Akt

Um es vorweg zu nehmen: Eine bessere Zukunft! Wir sind auf dem Weg dorthin und dürfen uns nicht von den Hürden, die noch vor uns liegen verwirren lassen. Die Dynamik der Gesellschaft, die Bewegungen von allen Menschen, macht aus der Zukunft die Gegenwart von morgen. Es liegt an uns, an der Mehrheit der Bevölkerung in den reichen Industriestaaten, sie so zu gestalten, wie wir sie haben wollen. Denn wie in kaum einem anderen Bereich unseres Lebens haben wir dazu tatsächlich die Macht: Es ist unser Konsumverhalten, das über die ökonomischen Strukturen und über die Produktionsverhältnisse im gesamten Ernährungsbereich mitentscheidet.

Jeder Einkauf ist auch ein politischer Akt, durch den wir – bewusst oder unbewusst – Einfluss nehmen auf die Produktions- und Arbeitsbedingungen, die Handelsstrukturen und den Transport, und damit auf die Güte unserer Lebensmittel. Wie aber könnte eine „richtige" Kaufpraxis entstehen? Was hindert uns am „klugen" Einkaufen, das die Weltessensverhältnisse verbessert und uns die Mittel des Lebens umfassend genießen lässt? Zu unserem kulinarischen und gesundheitlichen wie zu unserem ethischen Wohl, das soziale Gerechtigkeit ebenso einschließt wie ein gerechtes Naturverhältnis gegenüber Tieren und Pflanzen? Ist es die schiere Menge, die uns verwirrt, der Überfluss, der uns den klugen Einkauf verunmöglicht?

Wenn die Wahl zur Qual wird

Wenn Menschen nichts oder nur wenig zu essen haben, wenn sie keine Wahlmöglichkeit haben, ist das Leben unerträglich. Wenn Menschen allerdings zu viele Optionen besitzen, kommen sie - wie unser Filmheld in *The Hurt Locker* – auch in Teufels Küche; das ist zwar immer noch besser als keine Wahlmöglichkeit zu haben, aber auch das kann letztlich unerträglich sein. Wir fühlen uns überfordert, wie Will James angesichts hunderter verschiedener Cerealinen-Varianten: großen und kleinen, runden, länglichen, ovalen und eckigen, mit und ohne Schokolade, mit Vollkornanteilen von 15, 30 oder 55 Prozent, mit vielen und wenigen Ballaststoffen, mit diesen oder jenen Nüssen usw. usf. An die 4.000 Varianten konnten in amerikanischen Supermärkten ausgemacht werden. Auch in den Mega-Märkten in Europa lassen sich ähnliche Einkaufserfahrungen machen.

Theoretisch bedeutet dies einen enormen Zuwachs an Entscheidungsautonomie und der Möglichkeiten zur Bedürfnisbefriedigung. Tatsächlich überwiegen bei einer derart großen Zahl der Wahlmöglichkeiten jedoch die negativen Aspekte. Sie stellen subjektiv keine Befreiung von Mangel und Einschränkung mehr dar, sondern werden als Beeinträchtigung erlebt. Denn das Festhalten an allen verfügbaren Wahlmöglichkeiten führt, wie auch Barry Schwarz in seinem Buch *Anleitung zur Unzufriedenheit* anschaulich darlegt, oft zu falschen Entscheidungen, zu verpassten Chancen, weiter gesteigerten Erwartungen und Gefühlen der Unzulänglichkeit, zu Angst, Stress und Unzufriedenheit. Sogar die Zunahme klinischer Depressionen in großen Teilen der westlichen Bevölkerung macht Schwarz dafür mit verantwortlich: Aus Vergnügen wird Mühe, der scheinbare Genuss zu vieler Dinge erzeugt Überdruss. Und inmitten einer Gesellschaft, in der die Wahlfreiheit ein wichtiges Gut darstellt, wächst die Anzahl derer, die unfähig sind, die Wahlfreiheit mit Freude zu empfinden.

Um eine optimale Entscheidung treffen zu können, brauchen wir Informationen. Doch Warenkenntnisse über 60.000 Artikel zu erwerben, übersteigt nicht nur unser Zeitbudget, sondern auch unsere Gedächtnisleistung. Die Möglichkeit zwischen 230 Suppen, 16 Sorten Instant-Kartoffelpüree, 75 Bratensoßen, 15 verschiedenen Olivenölen, 42 Essigarten und 175 Teebeutelvarianten wählen zu können, bedeutet, so Schwarz, nicht das Paradies auf Erden, sondern schlichtweg Tyrannei; eine noch dazu ökonomisch sinnlose Tyrannei. Denn eine zu große Auswahlmöglichkeit wirkt, wie ein in den USA durchgeführtes und von Schwarz zitiertes Experiment in einem Delikatessengeschäft zeigte, demotivierend:

In einem Laden, in dem an Wochenenden gewöhnlich Probiertische mit neuen Waren aufgestellt werden, boten Forscher eine Reihe exotischer Konfitüren zur Verkostung an. Kauften die Kunden eine Marmelade, erhielten sie einen Gutschein über einen Dollar. In der ersten Versuchsanordnung konnten sich die Verbraucher durch sechs Marmeladesorten kosten. In der zweiten durften sie 24 süße Brotaufstriche probieren. In beiden Fällen standen 24 Sorten zum Verkauf. Die große Verkostung lockte mehr Kunden an den Tisch als die kleine Auswahl. In den Verkaufszahlen zeigte sich allerdings ein gewaltiger Unterschied. 30 Prozent der Kunden, denen nur die kleine Marmeladeauswahl zum Probieren zur Verfügung stand, kauften später ein Glas, hingegen nur drei Prozent der Kunden, die sich dem großen Testangebot gegenübersahen.

Das Mehr hinterlässt weniger

Auch der Nobelpreisträger und indische Wirtschaftswissenschafter Amartya Sen hat sich mit Wesen und Bedeutung der Wahlfreiheit auseinander gesetzt. In seinem Buch *Ökonomie für den Menschen* unterscheidet er zwischen der Bedeutung der Wahl an sich und der funktionalen Rolle, die sie in unserem Leben spielt. Statt die Wahlfreiheit zu fetischisieren, so Sen, sollten wir uns fragen, ob wir ihr Nahrung oder Entbehrung verdanken, ob sie uns Mobilität gewährt oder vorenthält, ob sie unserer Selbstachtung nützt oder schadet, ob sie uns ermöglicht, am Leben unserer Gemeinschaft teilzunehmen, oder uns daran hindert.

Dass die Zufriedenheit des Verbrauchers nur bis zu einem bestimmten Punkt mit der Gütermenge wächst, die ihm zur Verfügung steht, und ab einer gewissen Menge wieder fällt, das hat die amerikanische Konsumforschung schon in den fünfziger Jahren des vergangenen Jahrhunderts gezeigt. Umfragen in zahlreichen Ländern bestätigen auch heute, dass materialistisch eingestellte Menschen unzufriedener sind als jene, die ihre Zeit den Mitmenschen, der Gesellschaft und der Entwicklung von Talenten widmen; die Waren und Produkte nach Qualitätskriterien und überprüften Bedürfnissen erwerben und nicht, weil sie billig oder im Sonderangebot zu haben sind.

Es lohnt sich daher das Beste aus unserer Freiheit zu machen, indem wir lernen, eine gute Wahl hinsichtlich der Dinge zu treffen, die wichtig sind, während wir uns gleichzeitig von der Last befreien, den Dingen, die es nicht wert sind, zu viel Aufmerksamkeit zu schenken.

Doch was ist uns wirklich wichtig? Was brauchen wir, nachdem wir umfassend satt sind? Und wo liegt das richtige Maß?

Die Antwort auf die Frage nach dem richtigen Maß bereitet uns deshalb so große Probleme, „weil es in der bisherigen Menschheitsgeschichte kaum Gelegenheit gab, sich mit dem Thema Masse und Maß ernsthaft zu beschäftigen. Die Menschheit hatte fast immer eine andere Sorge: den Mangel. Er war ihr treuester Begleiter. Daher ist das Mangeldenken eine zentrale Tugend unserer Kultur geworden." LOTTER 2007, S. 48 Dass wir weiter daran festhalten, nimmt mitunter absurde Züge an. Mitten in der Überflussgesellschaft lernen selbst Wirtschaftsstudenten nicht etwa mit Vielfalt umzugehen, sondern dass der Mangel die Triebkraft hinter aller menschlichen Aktivität sei. Aber: Wo der Mangel in den Köpfen regiert, so Lotter weiter, „gibt es kein richtiges Maß. Jeder glaubt, zu kurz zu kommen - und deshalb will jeder, was andere haben. Das führt zu einem Gerechtigkeitssinn, der nichts anderes ist als die Gier nach mehr." Eine Gier, die nicht zu befriedigen ist und uns daher immer unzufrieden, frustriert zurück lässt.

Drei Q's für eine bessere Zukunft

Die Gier war der Anfang vom Ende des Mangels, der nun - im Wohlstandswesten - fast nirgends mehr herrscht und trotzdem noch in unseren Köpfen regiert, weil sich anderes noch nicht wirklich vorstellen lässt. Nach Antonio Gramsci ein untrügliches Krisenzeichen, denn „eine Krise besteht darin, dass das Alte stirbt und das Neue nicht geboren werden kann": Der Mangel ist beseitigt, aber uns fehlt (noch) die Alternative zum „Mangeldenken". Wir haben (noch) keine Werkzeuge entwickelt, um – nein, nicht um mit Überfluss umzugehen, sondern um nach der Beseitigung des Mangels nicht im frustrierenden und selbstzerstörerischen Überfluss zu landen.
Was also könnte jetzt nach dem Zuwenig kommen? Was wäre die Alternative zum Zuviel?
„Es kann nur besser werden", versprüht der publizistische Wegbereiter der Next Economy, Optimismus: „Vorausgesetzt, man denkt sich zunächst zwischen dem Zuviel und dem Zuwenig, zwischen dem alten Streit aus Qualität und Quantität ein drittes ‚Q' - das für Quantum." LOTTER 2007, S. 48
Das erste Q steht für Quantität, das wichtigste Gegengift gegen den Mangel. Quantität bedeutet Menge. Das zweite Q ist jenes für Qualität. Das heißt nichts anderes als Eigenschaft. Qualität beschreibt also, woraus die Menge beschaffen ist und in welchem Zustand sie sich befindet. Erst mit dem dritten Q, dem für das Wort Quantum, das auf die Dimension verweist, das Wieviel und Wiegroß, tut sich eine alternative Perspektive auf.

„Q, Q, Q – das gehört zusammen. Wo der Mensch das Trio trennt, gibt es Ärger, Kopfschmerzen und Verzweiflung. Dann marodiert eines der drei Qs durch die Welt, so wie es heute geschieht, bei der Quantität, der schieren Menge ohne besondere Eigenschaft und ohne Beschränkung", schreibt Lotter 2007, S. 49 und beschreitet zum besseren Verständnis noch einen interessanten etymologischen Nebenpfad, ehe er auf den Highway Richtung „Change" einbiegt: „Menge entstammt dem althochdeutschen ‚manic'; bis vor einigen Jahrzehnten war es im schönen Adjektiv ‚mannigfach' noch allgemeiner Sprachgebrauch. Das Wort manic machte sich aber schon viel früher auf die Reise in andere Sprachen, ins Englische etwa, wo es bis heute munter und wohlauf ist. Allerdings beschreibt manic im Englischen heute das, was die meisten empfinden, wenn sie mit der schieren Menge zu tun haben: durchgeknallt, verrückt, überdreht. Das passiert immer, wenn das Quantum fehlt. Eine verrückte Menge ohne Eigenschaften entsteht, eine alles andere als intelligente Masse, die kollektiv durchknallt. Das führt zu einer neuen Form von Mangel, die wir bisher kaum kannten: dem Mangel an Sinn, an Zweck, an Nutzen."

Der ehemalige, Mitte der siebziger Jahre verstorbene UN-Generalsekretär Sithu U Thant hat den Paradigmenwechsel schon früh erkannt: „Das Wesentlichste und Verblüffendste an den hoch entwickelten heutigen Volkswirtschaften ist," sagte er in einer Rede auf einer Vollversammlung, „dass ihnen in kürzester Zeit alle Hilfsmittel in jeder gewünschten Menge zur Verfügung stehen. Entscheidungen haben sich nicht mehr nach vorhandenen Mitteln zu richten, sondern die Mittel werden durch Entscheidungen geschaffen."

Der burmesische Politiker sah in dieser Entwicklung die „vielleicht entscheidendste Umwälzung, die die Menschheit je erlebt hat." Und es ist tatsächlich der springende Punkt: Denn das individuelle Unbehagen am Zuviel resultiert ja, wie wir oben gezeigt haben, nicht aus der puren Fülle des Angebots (die hat andere, nicht weniger gravierende ökologische Probleme und globale Verteilungsungerechtigkeit zur Folge), sondern aus der Mühe der Auswahl, der Entscheidung, die uns die Fülle abverlangt.

Das gastrosophische Maß

Der Weg, Qualität und Quantität über das jeweils richtige Maß in den – jeweils persönlichen – Griff zu kriegen, ist vielen von uns noch weithin unbekannt. Dafür fehlt uns das evolutionäre Navigationsgerät oder auch nur die ausreichende emotionale Intelligenz, es rasch zu entwickeln. Aber die Übung läuft – in der einen oder anderen gesellschaftlichen Nische, befeuert durch bestimmten Eliten

21

(auf der Produzenten-, wie auf der Konsumentenseite) und auch durch die Wirtschaftskrise, in deren Tiefenschichten wir gerade erst eintauchen.

Vielleicht müssen wir uns zunächst mit den alten Landkarten behelfen, um in der verwirrenden Überfülle den richtigen Weg zu finden. Die sind mitunter sogar präziser. Bücher wie Eugen von Vaersts *Gastrosophie oder Lehre von den Freuden der Tafel* aus dem Jahre 1851, die sich mit der Theorie und Praxis der Kochkunst, mit der Ästhetik der Essens und der gemeinschaftlichen Tischkultur ebenso beschäftigen wie mit der Physiologie und Chemie der Nahrungsmittel, mit Diätetik, Ackerbau, Viehzucht, Fischfang und Gartenkultur, und in denen die Koordinaten für das „richtige", nicht allein auf die unmittelbar kulinarischen Freuden ausgerichtete Essen schon skizziert sind: Der Gastrosoph, den der preußische Graf vom Gourmand und Gourmet abgrenzt, wähle beim Essen das Beste aus, auch unter Berücksichtigung der Gesundheit und der „Sittlichkeit". In ihm sehen wir einen Ahnen der zeitgenössischen Food Change-Protagonisten, wenn man Sittlichkeit mit individueller, ökologischer und korporativer Verantwortung, mit Ehrlichkeit und Wertebewusstsein ins Neudeutsche übersetzt. Von Vaersts Gastrosoph setzt auf (hohe) ernährungsphysiologische und sensorische Qualität der Lebensmittel, auf naturnahe und umweltschonende sowie faire Produktion.

Gutes Essen, meint auch der französische Kulturanthropologe Claude Lévi-Strauss, muss „richtig" in einem umfassenden Sinn sein. Denn Essen wird nur dann als befriedigend empfunden, wenn es innerhalb der Ordnung einer gesellschaftlichen Gruppe als angemessen gilt und sozial akzeptiert wird. Und das, was heute angemessen und sozial akzeptabel ist, sieht sich gerade einem tiefgreifenden Wandel unterzogen, geleitet von der Renaissance der Werte, die sich im Zuge des epochalen Umbruchs von Wirtschaft und Gesellschaft vollzieht.

Die Aussichten für die Zukunft sind dabei gut: Wenn wir das individuelle Unbehagen am Zuviel in den Griff kriegen und jeweils persönlich das richtige Maß finden, dann entsorgen wir gleichsam als Nebenprodukt auch einen Großteil der ökologischen, ökonomischen und verteilungspolitischen Probleme.

Das Nötige zuerst, dann das Machbare

Der Ausgangspunkt einer neuen Wirtschaft ist die Theorie des qualitativen Wachstums. Die Organisation für wirtschaftliche Zusammenarbeit und Entwicklung (OECD) definiert qualitatives Wachstum als Konsequenz der Überflussgesellschaft. Zunächst sorgt die Masse und Menge dafür, dass Menschen leichter überleben, älter werden, besser leben. Der nächste Schritt auf dieser Grundlage besteht darin, dass durch das Anwachsen von Wissen unter diesen besseren Bedingungen die Menschen das tun, was sie zwar auch schon immer getan haben, nun aber – befreit von der Not des Mangels und der Last der Menge – konsequenter tun können: Die Produkte und Methoden zu verbessern, die Güte der Waren zu optimieren.

Das Nötige haben wir grosso modo erreicht. Die Flut an Billigkram und Nachahmerprodukten, die tausend gleichen Waren und Dienstleistungen, die Me-Toos und die ewigen Marktschreiereien, sie sind nur ein Zwischenstopp auf der Reise ins „Age of Quality". Nun geht es darum, das Machbare zu realisieren. Auch beim Essen: Die Regale sind übervoll, die Tische biegen sich. Nun können wir uns darauf konzentrieren, die Produkte, die sich darauf häufen, besser zu machen! Nicht noch weitere Wahlmöglichkeiten durch quantitative Ausweitung des Angebots zu schaffen, sondern die vorhandenen Produkte und Produktionsmethoden durch umwelt-, sozial- und gesundheitsverträgliche Alternativen zu ersetzen, durch Lebensmittel, die sich durch besondere Güte auszeichnen, durch Speisen, die uns mit authentischem Geschmack begeistern.

Da der kreditfinanzierte Konsumboom, der die Wirtschaft in den letzten 15 Jahren angekurbelt hat, in Folge der Krise auf absehbare Zeit vorbei sein wird (gehemmt durch schwaches Wachstum der Haushaltseinkommen, zunehmenden Sparanteil, Steuererhöhungen zur Finanzierung der Budgetdefizits und mittelfristig zu erwartenden Anstieg der Inflation) und die Verbraucherpreise in drei, vier Jahren wieder steigen werden (manche Ökonomen prognostizieren sogar Steigerungsraten von fünf bis zehn Prozent wie in den siebziger Jahren des letzten Jahrhunderts), wird sich der Trend zur Substanz, zu authentischen, sinn- und qualitätsvollen Produkten weiter verstärken. Das „Verschwinden der Mitte", das im Zuge der Polarisierung der Märkte (superbillig gegen luxuriös-unnütz) in den letzten beiden Jahrzehnten zu beobachten war, wird durch die Wirtschaftskrise gestoppt.

The Age of Quality

Es gibt schon heute genügend Indizien für diesen Wandel. The Hartman Group, das renommierte, auf *consumer culture* spezialisierte amerikanische Forschungs- und Beratungsinstitut, hat die „Redefinition of Quality" in den USA als nachhaltigsten Konsumtrend ausgemacht, der vor allem in der Esskultur wirksam wird und sich darin ausdrückt, dass Konsumenten es zunehmend vorziehen, mehr Zeit und mehr Geld für eine bessere Ernährung aufzuwenden, dass sie ihr Essen wieder mehr zelebrieren, sich bewusster Zeit für Mahlzeiten nehmen und sich deutlich mehr für die Produktionsmethoden und die Menschen interessieren, die hinter den Lebensmitteln und Speisen stehen.

Eine Entwicklung, die sich – trotz oder wegen der Wirtschaftskrise – auch in Europa abzeichnet. Werte und Identitäten werden auch bei Konsumentscheidungen wichtiger als die simple Mangelbeseitigung. Nach einer aktuellen Studie in Österreich sind Herkunft, Qualität und Nachhaltigkeit der Produkte – und nicht der Preis! – für eine Mehrheit der Befragten entscheidende Kriterien beim Konsum.

Herkunft, Qualität und Nachhaltigkeit

„Welche der folgenden Änderungen in Ihrem Konsumverhalten werden Sie aufgrund der Finanz- und Wirtschaftskrise vornehmen?"

79% | stärker auf österreichische Herkunft achten
16% | unabhängig von der Herkunft der Produkte einkaufen
 5% | keine Angabe | weiß nicht

61% | stärker auf die Nachhaltigkeit | auf umweltgerechte Produkte achten
31% | stärker auf den günstigsten Preis achten
 8% | keine Angabe | weiß nicht

60% | stärker auf die Qualität und Langlebigkeit von Produkten achten
30% | stärker auf den günstigsten Preis achten
11% | keine Angabe | weiß nicht

QUELLE: KARMASIN 2010

Statt der Versorgung mit günstigen Waren zur Aufrechterhaltung eines bloß auf Menge basierenden und daher unbefriedigenden Wohlstands, spielen Bewusstseinsbildung, Lebenssinn und Selbstverwirklichung für die Menschen eine immer größere Rolle. Der westliche Konsum, der von den hedonistischen Impulsen im Hier und Jetzt gesteuert war, wandelt sich zu einem Konsum, der auch die Konsequenzen für die Zukunft im Auge hat. Die Verantwortung für die Umwelt und das soziale Gewissen werden unsere Konsumentscheidungen in Zukunft viel stärker beeinflussen. Das permanente Abwägen von Genuss und Konsequenzen, Lust und Verantwortung wird den Konsum aber auch verkomplizieren, so uns Produzenten, Handel und Gastronomie nicht mit Produkten und Dienstleistungen entgegen kommen, die uns dieses Abwägen ein Stück weit abnehmen. Mit Marken, die für nachhaltige und faire Produktion stehen, mit Services, die uns die „bessere" Wahl erleichtern – und damit umgekehrt Erfolge erzielen werden: Jener von Whole Foods, der amerikanischen Qualitätslebensmittelkette, die den „moralischen Hedonismus" einer wachsenden Kundschaft bedient, die für biodynamische oder weitgehend natürlich erzeugte und verarbeitete sowie fair gehandelte Lebensmittel mehr Geld auszugeben bereit ist, ist dafür ein guter Beleg. Davon ist auch William Grimes, der Genuss-Papst der New York Times, überzeugt. Und Grimes' Worte haben Gewicht – auch wenn er nicht ex cathedra spricht.

Nur klein ist auch nicht großartig

Weniger ist mehr! Small is beautiful! Das waren jahrelang die Slogans der Alternativbewegung. Wir haben an sie irgendwie alle nicht wirklich geglaubt. Zu Recht! Heute ahnen wir warum: Weil „small" auch nur eine quantitative Kategorie ist, die im selben Paradigma verhaftet bleibt, das die Wachstums- und Größefetischisten vorgeben. Der sinnvolle Slogan lautet nicht „weniger ist mehr", sondern „besser ist mehr". Will heißen: Jetzt, wo wir alles haben, brauchen wir uns nicht mehr um mehr davon zu bemühen, sondern darum, das, was wir haben, in besserer Güte zu bekommen. Und wenn wir vieles in guter Qualität haben, können wir auf vieles mehr in schlechterer Qualität getrost und ohne Askese verzichten!
„Lieber kein Huhn, als irgendein Huhn!", lautet der entsprechende gastrosophische Ratschlag des Jahrhundertkochs Eckart Witzigmann. Wenn wir kein Huhn in guter Qualität am Markt oder im Supermarkt bekommen, heißt es nicht, kulinarisch Kompromisse machen zu müssen und uns mit einem Hendl geringerer Güte abzufinden. Dann haben wir immer noch die Wahl, auf die bessere Forelle oder den frischen Blumenkohl auszuweichen. Und wenn wir unser Einkaufsverhalten an den beiden Q's für Qualität und Quantum orientieren, wird am Markt früher oder später auch die Quantität guter Hühner stimmen. Nicht zuletzt, weil wir dann insgesamt gar nicht mehr so viele Hühner (ver)brauchen werden.
Und der Preis? Ist das nicht alles gut und schön, aber für den Durchschnittsbürger gar nicht leistbar? Kostet ein „gutes" Huhn heute nicht fast das Doppelte wie die Billighühner aus den industriellen Mastanstalten?
Ja! Bessere Lebensmittel kosten mehr. Und auch wenn das Teuerste nicht immer das Beste ist, so haben gute Produkte ihren Preis. Aber haben wir nicht alle auch schon die Erfahrung gemacht, dass vieles, was billig war, im Nachhinein das Geld nicht wert war, das wir trotzdem dafür bezahlt haben? Dass uns das Schnäppchen mitunter teurer gekommen ist, weil es schon nach kurzem Gebrauch nicht mehr funktioniert hat; weil es schon nach einem Tag im Kühlschrank verdorben war; weil wir es eigentlich gar nicht brauchen oder es uns gar nicht schmeckt? Und würde es sich unserem Gaumen, unserer Gesundheit und unserer Figur zuliebe (und zugleich budgetneutral)

nicht eher lohnen – um ein allerletztes Mal beim Huhn zu bleiben – statt einem billigen, geschmacklosen ganzen nur ein halbes, aber dieses von exzellenter Güte, zu genießen?

Die Entscheidung zur Qualität

Die Menge ist der letzte Rettungsanker der alten Wirtschaft, und sie kämpft verzweifelt mit zahllosen verwechselbaren Produkten ohne spezifische Eigenschaften ums Überleben, die in mörderisch schnellen Produktzyklen auf den Markt kommen und oft ebenso schnell wieder verschwinden. Gerade im Lebensmittelbereich. Neunzig Prozent der neu lancierten Produkte entpuppten sich als „Innovationssternschnuppen", d. h. sie sind wieder aus den Regalen der Supermärkte verschwunden.

Noch besteht die Hauptdynamik darin, vor der Entscheidung zur Qualität zu flüchten. Eine Dynamik, bei der Produzenten, Handelsunternehmen und Konsumenten fatal ineinander verstrickt sind. Genau das aber, die Entscheidung zur Qualität, sagt der Wirtschaftssoziologe Robert Hettlage, ist das wirksamste Mittel gegen das Zuviel und Immergleiche: „Man muss sich auf eine Sache vollständig konzentrieren … Qualität heißt, sich auf's Wesentliche zu besinnen." Mit dieser Entscheidung werden Pseudo-Innovationen obsolet und sie macht den Weg frei für Zuverlässigkeit und ihre vielen „Geschwister": Für Langfristigkeit, Sicherheit, Vertrauen, Sorgfalt, Präzision und Güte.

Was intelligente und erfolgreiche Innovationen wie etwa das iPhone (das die ganze Branche revolutioniert hat) vorgezeigt haben, dass es sinnvoll ist, die Nutzer an der Optimierung eines Produkts zu beteiligen, gilt auch für andere Branchen, Dienstleistungen und Produkte. Die Fokussierung auf isolierte Details oder gegenwartsfixierte Marktforschungsdaten helfen nicht weiter. „Innovationen entstehen im 21. Jahrhundert auf der Basis von Empathie: Nur wenn ich die inneren Antriebskräfte meiner Kunden genau kenne, kann ich ihnen ein passgenaues Produkt liefern." WENZEL U. A. 2009, S. 32.

Und das heißt auch: Der Zug der Massenproduktion ist abgefahren. Die Frage ist nur, wer das in den großen Strukturen bemerkt hat? Wohl die wenigsten, denn Innovationen entstehen nicht in erster Linie in Konzernen, sondern in den sprichwörtlichen Garagen; nicht, weil das so chic ist, sondern weil es abseits der großen Strukturen besser geht, weil Zukunft selten dort entsteht, wo sich die Aufmerksamkeit der Masse bündelt. Zukunft entsteht an den Rändern und an den Bruchstellen unserer Gesellschaft. Auch beim Essen: Es sind die qualitätsorientierten Manufakturen, die aufgeweckten bäuerlichen Betriebe, die kleinen Gasthäuser, die findigen Caterer, die verschrobenen Haubenköche und die Organisatoren der sozialen Tafeln, die Veränderungen einleiten, die dann von der Nahrungsmittelindustrie, der System- und Fast Food-Gastronomie und den Handelskonzernen aufgegriffen und genutzt werden.

Ja! Natürlich, die erfolgreiche Biomarke des Rewe-Konzerns, wurde, um nur ein signifikantes Beispiel aus der Lebensmittelbranche herzunehmen, nicht in den Ledergarnituren der Managementetagen erdacht, sondern von einem rauschebärtigen Bio-Freak, der sich zuvor mit dem mühsamen Vertrieb von Gemüsekistchen herumgeschlagen hatte und danach mit *Zurück zum Ursprung* selbst bei Österreichs Paradediscounter Hofer ein Bio-Premium-Sortiment eingeführt hat. Ein weiterer kleiner, aber wichtiger Schritt, die Qualitäts-Flucht-Dynamik zu durchbrechen.

Und es sind die kleinen Schritte, die es uns erleichtern, die Tugenden des richtigen Einkaufens zu entwickeln oder wieder zu erlernen; es sind die unterschiedlichen Ausdrucksformen einer Mikropolitik des Andersdenkens, Andersmachens und Andersseins, die eine Dynamik in der globalen Nahrungskette in Gang setzen und damit unsere Esskultur positiv verändern; die uns den Weg vom Zeitalter der Menge und des Überflusses ins Zeitalter der Qualität und des richtigen Maßes ebnen. Den Weg in eine bessere Zukunft.

Food Change: Zukunftsmenü 1

In Zukunft werden wir nicht weniger haben, sondern weniger wollen – und mehr davon haben. Ingredienzien für eine neuen Esskultur:

Konsumenten ...

... achten bei Lebensmitteln mehr auf die Güte als auf die Menge

... zahlen für bessere Qualität faire Preise und beeinflussen damit auch das Sortiment der Supermärkte und Discounter

... kaufen lieber in Lebensmittelgeschäften, die eine geringere, dafür qualitativ bessere Auswahl haben und ihnen damit die Kaufentscheidung erleichtern

... wissen, dass sie mit ihrer Kaufkraft Einfluss auf die globale Nahrungsmittelkette und die Produktionsstrukturen und -methoden haben und werden diesen Einfluss mehr und mehr geltend machen

... orientieren sich an Marken, die für faire und nachhaltige Produktion stehen

... lernen aus der Erfahrung, dass ihnen Schnäppchen mitunter teurer zu stehen kommen als wertvolle Lebensmittel

... essen lieber kleinere Mengen in besserer Qualität als große von nur mediokrer Güte

... können Lebensmittel, die nach ethischen Gesichtspunkten produziert und fair gehandelt werden mehr genießen

Produzenten ...

... nehmen Abschied vom Mengendenken und konzentrieren sich auf die Verbesserung ihrer Produkte und Herstellungsverfahren

... verabschieden sich von Pseudo-Innovationen und einer sinnlosen Diversifikation grundsätzlich ähnlicher Produkte

... konzentrieren sich auf das Wesentliche: auf Qualität, auf Zuverlässigkeit, Sicherheit und Nachhaltigkeit

... greifen nur Innovationen auf, die zu einer sensorischen, ökologischen und gesundheitlichen Optimierung der Produkte und Produktionsverfahren führen

... bauen globale Wertschöpfungsketten auch nach ethischen Grundsätzen auf

... genießen durch kleinere Einheiten und gläserne Produktion mehr Vertrauen bei den immer kritischer werdenden Konsumenten

Handelsunternehmen ...

... tragen ihrer ethischen und moralischen Verantwortung verstärkt Rechnung

... ändern ihre Beschaffungspolitik mit dem Fokus auf mehr Qualität, bessere Arbeitsbedingungen und nachhaltigere Produkte

... ändern ihre Preispolitik, die nicht mehr den Mehrkonsum, sondern den Qualitätskonsum unterstützt

... haben mehr Mut zu Sortimentslücken, um die Menge der Ausschussware zu senken

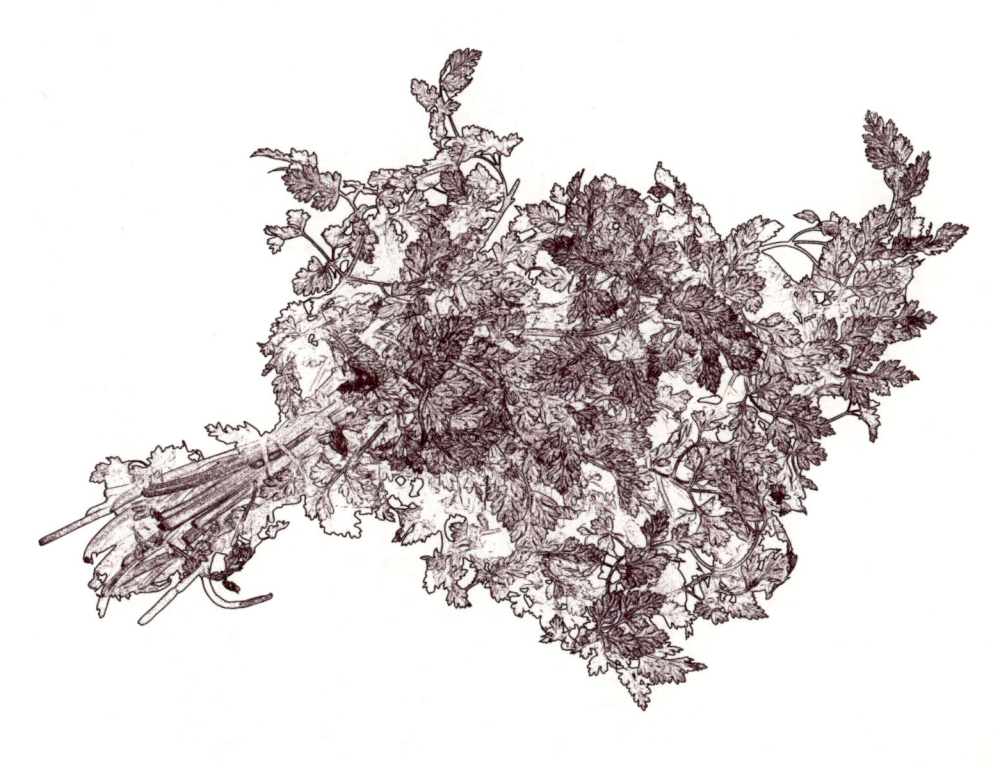

Vorwärts zum Ursprung

In Zukunft wird unser Essen neue
Geschmacksrichtungen haben.
Sie heißen Nähe, Emotionalität, Identität und Sinn.

Die Seele hat auch Hunger.

Émile Zola

Nassim N. Taleb, Börsenstar, Weltbürger und Best-
sellerautor (*Der schwarze Schwan*) sieht die Zukunft in der Vergangenheit: „Ich esse nur Dinge, die auch vor 2.000 Jahren schon gegessen
sen wurden. Am besten ist es, wenn sie in der Bibel oder im Talmud
erwähnt sind. Denn Speisen, die so lange von so vielen Menschen
genossen wurden, können auch für mich nicht schädlich sein – sie
scheinen dem menschlichen Maß zu entsprechen."
Die Haltung von Nassim N. Taleb mag etwas extrem sein (und sie
hat ihm mit Sicherheit zahlreiche sehr spannende Genüsse vorent-
halten!), aber sein Unbehagen mit der modernen Ernährung und
der Herstellung unserer Lebensmittel ist weit verbreitet – nach
Weinskandal, BSE, Lysterien- und Analogkäse haben immer mehr
Menschen Zweifel daran, ob unsere Art der Lebensmittelproduktion
noch Zukunft hat. Oder besser: ob wir uns eine solche Ernährungs-
zukunft wünschen.

Die Vergangenheit hat keine Zukunft

Das liegt vor allem daran, dass immer mehr Menschen wahrnehmen,
wie weit die negativen Folgen unserer Art, uns zu ernähren bzw. unser Essen herzustellen, über verdorbene oder falsch etikettierte Lebensmittel allein hinausgehen. Und zwar – weltweit betrachtet – in
drei zentralen Bereichen:

1. Der Einsatz von (Gen-)Technik und Chemie in der intensiven
   Landwirtschaft und der primäre Fokus auf Produktivitätssteige-
   rung belasten die Gewässer und das Erdreich auf Generationen
   hinaus, schränken die Vielfalt von Fauna und Flora massiv ein und
   sind oft auch für Tierquälerei verantwortlich: von den industriellen Aquafarmen bis zu den Legebatterien.
2. Das von gigantischen Transferzahlungen und Subventionen ge-
   prägte internationale Produktionsumfeld, Spekulationen auf den
   Rohstoffbörsen und Exportstützungen führen dazu, dass de facto
   nirgendwo im Lebensmittelbereich Kosten- oder Preiswahrheit
   herrschen. Die Preise für Lebensmittel entsprechen weltweit kaum
   mehr den tatsächlichen Gestehungskosten, sondern sind durch die

verschiedensten Subventions-, Protektions- und Transfermaßnahmen längst so künstlich wie manche der Lebensmittel selbst und erlauben den Bauern gerade in kleinteiligen Produktionsformen, wie sie für viele Regionen Europas Jahrhunderte lang prägend waren, kein Überleben mehr oder degradieren sie zu Zuschussempfängern, deren Würde und Selbstachtung verloren geht; ganz zu schweigen von den Auswirkungen, die das europäische und US-amerikanische Agrarsystem auf die Landwirtschaft und die Lebensmittelproduktion in vielen Entwicklungs- und Schwellenländern hat.

3. Der Kampf um niedrige Preise und die globale Konkurrenz haben die industriell produzierende Ernährungswirtschaft in den letzten Jahren unter erheblichen Rationalisierungsdruck gesetzt. Dies führte zu Veränderungen der Produkte, Produktpaletten oder Produktionsprozesse mit dem Ziel, die gleichen Lebensmittel mit immer geringerem Aufwand herzustellen oder neue Produkte beziehungsweise Produktvarianten auf den Markt zu bringen, die kostengünstiger produziert werden können und länger haltbar sind. Mit dem Ergebnis, dass wir mehr und mehr mit verfälschten, verkünstlichten und geschmacklich standardisierten Lebensmitteln konfrontiert sind.

Das wachsende Unbehagen, das diese Entwicklungen bei immer mehr Menschen auslösen, macht den zunehmenden Appetit auf eine grundlegende Neuordnung der Art und Weise, wie wir Lebensmittel produzieren, verarbeiten und konsumieren, verständlich. Und so beobachten wir eine immer stärker werdende Gegenbewegung zur industrialisierten und standardisierten Ernährung – eine Bewegung, die andere Produkte kaufen möchte, eine Bewegung, die andere Produkte herstellen möchte, eine Bewegung, die unser Verhältnis zu unseren Nahrungsmitteln nachhaltig verändern möchte.

Eine Bewegung, die von den Herrmannsdorfer Landwerkstätten, dem ökologischen Paradeunternehmen des ehemaligen Eigentümers des größten fleischverarbeitenden Unternehmens Europas, Karl Ludwig Schweinsfurth, bis zur Wiener Essig Brauerei Gegenbauer, vom burgenländischen Demeter-Weingut Oggau bis zum Blue Hill-Restaurant in New York, vom Berliner Schrebergarten bis ins Weiße Haus in Washington reicht.

The green White House

Die First Lady kam in Gummistiefeln. Das entsprach durchaus dem Anlass, denn Michelle Obama durchquerte ausladenden Schrittes die Weiten des South Lawn, jenes von Wiese dominierten Gartens hinter dem Weißen Haus, der Jahrzehnte lang nur als präsidialer Hubschrauberlandeplatz, als Aufmarschgelände für die State Arrival Ceremony oder für sommerlichen Barbecue-Feste genutzt wurde. Vor laufenden Fernsehkameras legte sie schon kurz nach Amtseinführung ihres Gatten Barack im Januar 2009 mit Spaten und Rechen in der Hand einen Gemüsegarten an. Auf einer etwa 100 Quadratmeter großen Fläche gedeihen seither über 50 Gemüsesorten im Weißen Haus und verkünden den sich notorisch ungesund ernährenden Amerikanern den Wert natürlicher, handwerklich und vor Ort erzeugter Lebensmittel.

Der Applaus der internationalen Bio-Szene war ihr damit ebenso gewiss wie der Prostest amerikanischer Landwirtschafts- und Gentech-Lobbyisten, die den Biogarten im Weißen Haus als Frontalangriff auf den „American Way of Agriculture" empfanden.

Der Spott blieb natürlich ebenfalls nicht aus, etwa die Bemerkung, dass Michelles Garten angesichts der Wirtschaftkrise „kaum mehr als ein Radieschen auf dem heißen Stein" sei. „So viele Runkeln", ätzte die Süddeutsche Zeitung (23.03.2009), „kann man gar nicht anbauen, wie es zu deren Bewältigung bräuchte."

Natürlich nicht. Dass die Radieschen im Weißen Haus weder ein Mittel gegen die Wirtschaftskrise sind noch die drohende Klimakatastrophe abwenden können, weiß man auch in der First Family. Michelles Gemüsegarten symbolisiert daher nicht „harte Zeiten", die nur mit kriegswirtschaftlicher Selbstversorgungsökonomie zu bewältigen wären. Er steht vielmehr für eine Trendwende im Ernährungsbewusstsein, die sich schon vor Obamas Wahlsieg auch an wirtschaftlichen Facts ablesen ließ. Auch und gerade in den USA, wo der Mainstream bislang auf technologische Problemlösungen fixiert war, auf Produktivitätssteigerungen durch industrialisierte Landwirtschaft und Gentechnologie, Gesundheitseffekte durch Functional Food sowie pharmazeutische Diätprogramme.

Der eigene Gemüse- und Kräutergarten ist also in erster Linie gar keine Reaktion auf die ökonomische Krise, sondern auf die Sinnkrise – auf die Entfremdung zwischen Konsumenten und Produzenten, auf den Verlust der Beziehung zur Natur; das private Hegen der Radieschen ist keine rationale Antwort auf sinkende Haushaltsbudgets, sondern Ausdruck einer neuen Natursehnsucht, die sich auch an weniger zu journalistischem Sarkasmus taugenden Entwicklungen zeigt: Von der sich zum Garten und zur Landschaft hin öffnenden aktuellen Architektur mit ihren riesigen Glasfronten, über den touristischen Wander- und Trecking-Boom bis hin zum Abenteuerurlaub in den Anden oder im afrikanischen Regenwald.

Das Glück ist ein Garten

Noch ehe Michelle Obama zum Spaten griff, hatten amerikanische Gartenmärkte gemeldet, dass der Verkauf von Nutzpflanzen sowie Gemüse- und Salatsamen seit Beginn des Jahrtausends systematisch gestiegen sei und schon vor der Finanzkrise den Verkauf von Blumensaatgut übertroffen habe. Die Bestellung des eigenen Gartens bedeutet viel mehr als profane Selbstversorgung. Sie ermöglicht neue Sinnerfahrungen jenseits entfremdeter Arbeits- und konsumindustrieller Freizeitwelt. Im Gärtnern mischt sich die Lust an kreativer, ästhetischer Gestaltung mit Bewegung an der frischen Luft, dem hautnahen Erlebnis der Natur sowie der Freude an handwerklicher Tätigkeit und dem Genuss selbstgeernteter Lebensmittel. Es ist Ausdruck eines sich abzeichnenden neuen Verhältnisses von Mensch und Natur, das sich auf emotionaler und rationaler Ebene – Stichwort Klimakrise – entwickelt und mehr oder weniger unbewusst die radikalen Veränderungen antizipiert, die in den kommenden Jahren auch auf unsere Esskulturen zukommen. Ob wir es wollen oder nicht.

Aber es sieht tatsächlich danach aus, dass nun ein ökologisch und sozial gerechterer Konsum entstehen könnte und wir es in der Hand haben, die Transformation von (materiellem) Wohlstand zu mehr (immaterieller) Lebensqualität bewusst zu steuern. Unter diesen Umständen wird diese Veränderung auch gar nicht Verzicht bedeuten, sondern einen Gewinn, dessen Ausmaß uns noch gar nicht bewusst ist.

Beim Gärtnern – und das ist die wichtigere und auch uns in Europa betreffende Botschaft aus dem kitchen garden der Obamas – bekommen wir einen Vorgeschmack auf diesen Gewinn. Der Eigenanbau von Kräutern und Gemüsen ist nicht in erster Linie gegen drohende Preissteigerungen gerichtet, aber er entschleunigt – zumindest partiell – unser Leben, vermittelt uns eine neue Wertschätzung der Naturprodukte und der landwirtschaftlichen Produktion und steigert damit auch unser aus dem Lot geratenes Qualitäts- und Preisbewusstsein. Und deshalb werden Gärten, Eigenanbau und Landsurrogate aller Art uns auch in Zukunft verstärkt begleiten.

Die Wahrheit der Lüge

Es gibt einen unbestechlichen Indikator dafür, wie groß diese Lücke zwischen Schein und Sein inzwischen geworden ist – die Werbung. Denn Werbung arbeitet ja im Erfolgsfall immer mit einer Sehnsucht, die über das Produkt hinausgeht und von den herrschenden Marktbedingungen nicht erfüllt wird.

Und was zeigt uns die Werbung im Nahrungsmittelbereich?

- sonnengebräunte, ehrliche Bauern, die mit festem Blick und Stolz auf ihr Produkt blicken, Kühe von Hand melken und Milch in Kannen zur Molkerei bringen
- eine unbelastete, authentische Landschaft, in der diese Bauern arbeiten
- Sorgfalt, Genauigkeit, Qualität in der Herstellung, verbunden mit einer vorindustriell anmutenden, individuellen Manufakturform von Käse, Schokolade, Bier, Säften, Marmeladen etc.

Natürlich gibt es sie noch, die handwerklichen Produktionsbetriebe, die authentischen Produkte und qualitativ hochwertigen Lebensmittel. Aber die meisten TV-Werbespots preisen mit diesen suggestiven Bildern Produkte an, die aus einer ganz anderen Produktionswirklichkeit stammen.

Die Welt der Nahrungsmittelkonzerne, die Welt der globalen Marken, wie wir sie täglich im Fernsehen sehen, will nicht wahr sein, denn dann müsste sie vor allem Aluminiumtanks, Marketingpläne, überregionale, ja weltweite Zulieferverträge und Sonderzahlungen an den Handel zeigen. Aber diese Welt will primär Emotionen wecken und das geht heute am besten mit allem, was man unter dem Begriff „Retro" zusammenfassen könnte:

- nostalgische Namen
- karierte Stofffetzen über Marmeladegläsern
- handschriftlich anmutende Etiketten
- regionales Handwerk etc.

Retro als Rettung?

Die Aufgabe dieser „Retroisierung" ist es, die Gegenwart symbolisch vor ihren Problemen zu retten, und zwar durch den Einsatz der Vergangenheit. Das kann eine Zeit lang gelingen, aber das reicht nicht für die Zukunft. Denn die Konsumenten durchschauen mehr und mehr die Marketingtricks, die die Sehnsucht nach Reinheit und Authentizität nur noch weiter befeuern und damit die Schere zwischen Wunsch und Wirklichkeit noch weiter öffnen.

Tatsächlich haben der Kampf um niedrige Preise und die globale Konkurrenz dazu geführt, Lebensmittel mit immer geringerem Aufwand herzustellen und neue Produkte auf den Markt zu bringen, die – oft unter Einsatz von Imitaten wie etwa bei Käse und Schinken – kostengünstiger produziert werden können, billiger zu lagern und effizienter zu verarbeiten sind.

Die zur Produktion von Lebensmittelimitaten verwendeten Rohstoffe haben selten noch etwas mit dem Lebensmittel zu tun, das sie ersetzen. Um zumindest die Illusion traditioneller Erzeugung zu erhalten, unterlassen es die Unternehmen zumeist, diese Veränderungen der Lebensmittel transparent zu machen. Während Werbung und Verpackung den Schein einer traditionellen bäuerlichen Erzeugung aufrechterhalten, werden meist ohne Wissen der Konsumenten Herstellungsverfahren umgestellt, Sortimente bereinigt und Rezepturen modifiziert. Lebensmittel sind aber etwas Essenzielles und damit Produkte, über deren Herkunft und Qualität, deren Zusammensetzung und deren Herstellung wir mehr wissen wollen als bei anderen Konsumwaren.

Mehr Information führt aber nicht automatisch dazu, dass die Konsumenten sich sicherer fühlen, denn je mehr sie hören und lesen, desto mehr Fragen drängen sich auf. „Sie wundern sich über Inhaltsstoffe, die deklariert werden müssen, und das weckt den Verdacht, dass es sich dabei um etwas Gefährliches oder zumindest Ungesundes handelt." GDI 2008, S.32

Lebensmittelimitate finden sich jedoch nicht nur im Handel, sie werden immer mehr auch in Gastronomie, Imbissbuden oder Bäckereien verarbeitet. Täuschungen müssen hier von der örtlichen Lebensmittelüberwachung verfolgt werden, da den Kunden in der Gastronomie – anders als bei verpackten und gekennzeichneten Lebensmitteln im Supermarkt – noch weniger Kontrollmöglichkeiten zur Verfügung stehen. Transparenz bei Qualität, Produktion und Zubereitung von Lebensmitteln und Speisen ist aber eine wesentliche Bedingung, um Konsumenten vor Irreführung oder Übervorteilung zu schützen und ihr Vertrauen in die Sicherheit und Qualität der angebotenen Produkte zu stärken.

Sehnsucht nach dem Ursprünglichen

Wir Konsumenten müssen signalisieren, dass uns Qualitätslebensmittel und eine ehrliche Küche in Gasthäusern, Restaurants und Betriebskantinen etwas wert sind. Auch monetär. Und da ein Großteil der Bevölkerung in den westlichen Wohlstandsgesellschaften dafür die materiellen Voraussetzungen, d. h. auch den Spielraum besitzt, bei den Konsumentscheidungen individuelle Präferenzen zu setzen – z.B. ein kleineres Auto zu fahren, dafür aber besser zu essen –, sind wir durchaus in der Lage mit unserem Einkaufsverhalten Einfluss auf die Ernährungswirtschaft zu nehmen und somit auch Produzenten, Handel und Gastronomie zu mehr Qualität und Transparenz zu drängen.

„Bewusste Ernährung", so resümieren auch die Autoren einer aktuellen Studie zum Konsumentenverhalten, „ist in Deutschland ein Konzept, das weit über die Ausrichtung auf eine ausgewogene und gesunde Ernährung hinausgeht: es ist eine weltanschauliche Positionierung, die auch die Herkunft und Produktionsmethoden von Lebensmitteln einbezieht. Verbraucher, die sich ausgewogen und gesund ernähren, legen gleichzeitig weit überdurchschnittlich darauf Wert, dass die Produkte aus der Region kommen, dass sich das Obst- und Gemüseangebot an der natürlichen Saison dieser Produkte orientiert, auch auf artgerechte Tierhaltung, naturbelassene Produkte und die Vermeidung von gentechnologischen Verfahren. Saisonale Produkte, Provenienz aus der näheren Region, eine artgerechte Tierhaltung und Verzicht auf Gentechnologie rangieren in der Präferenzskala der Bevölkerung höher als die Klassifizierung als Bio-Produkt. Die Präferenzen der Verbraucher zeigen, dass es weit verbreitet eine Sehnsucht nach dem Ursprünglichen gibt, nach einer Lebensmittelproduktion, die von Naturbelassenheit, artgerechter Tierhaltung und einem Leben mit den Jahreszeiten gekennzeichnet ist."
NESTLÉ DEUTSCHLAND 2009

Diesen Kriterien versprechen insbesondere Lebensmittel aus regionaler Produktion zu entsprechen, die als Reaktion auf die fortschreitende Internationalisierung und Industrialisierung der Lebensmittel und die damit einhergehende Entfremdung zwischen Konsumenten und Produzenten einen regelrechten Boom erleben. Wachsende Globalisierungsängste, die Anonymisierung industrialisierter Lebensmittel und immer wieder aufgedeckte Skandale lassen das Bedürfnis nach Authentizität und Transparenz stetig wachsen.

Die regionale Alternative

Regional und handwerklich in Klein- und Mittelbetrieben hergestellte Lebensmittel sind eine attraktive Alternative zu Produkten der globalen Nahrungsmittelindustrie, die die Produzenten durch eine lange Kette von Verarbeitern und Händlern von den Konsumenten trennt und damit auch die Qualitätskontrolle Dritten überlässt. Local Food Systems, so lautet das implizite Versprechen, verlegen die Kontrolle und Verantwortung wieder in die Hände der Produzenten und Konsumenten, die wesentlich enger miteinander verbunden sind. Denn Qualität ist nicht nur eine Eigenschaft des Produkts, sondern auch der Herstellungsmethode.

Je technologischer, komplexer und widersprüchlicher die (Konsum-) Welt, desto mehr sehnt sich der Mensch nach Ehrlichkeit und Einfachheit, nach der Möglichkeit sorgenlos einkaufen zu können. Der

Trend zu regionalen Lebensmitteln und die damit einhergehende Aufwertung regionaler Küchen spiegelt die Sehnsucht der Konsumenten nach Vertrautheit, Nähe und Sicherheit, und entspringt zudem dem gemeinsamen Bestreben, die Ökonomie der Ernährung (wieder) selbstständiger und kleinräumlicher zu gestalten, um die lokale Wirtschaft, die Umwelt und die sozialen Gemeinschaften (Identität) zu stärken bzw. zu fördern. Die Protagonisten und Befürworter dieser Bewegung, die maßgeblich die Ernährungslandschaft im zweiten Jahrzehnt des 21. Jahrhunderts prägen wird, verstehen sich im weiteren Sinn auch als Teil der Ökologiebewegung. Der Vertrieb lokaler Produkte gilt in der Regel als umweltschonender und unterstützt die regionale Wertschöpfung, die angesichts der globalen Krise auch nationalökonomisch bedeutsam ist.

In Deutschland gibt es mittlerweile über 100 Regionalvermarktungsprogramme für Lebensmittel. Dabei wird – nur auf den ersten Blick paradox - die Renaissance des Regionalen insbesondere durch das globalste Medium dynamisiert, das Internet. Ein Viertel aller Suchanfragen auf Google haben lokalen Bezug, und auch die Regionalvermarktung hat online ein starkes Standbein.

Das Gute is(s)t nah

Das Sprechen und Denken über Regionen, Regionalisierung und Regionalität ist ein relativ junges Phänomen. Es ist vor allem durch den letzten großen Globalisierungsschub gegen Ende des 20. Jahrhunderts entstanden. Im Laufe der achtziger Jahre gewann das „Regionale" zunehmend an Bedeutung, was in politischen („Europa der Regionen"), ökonomischen (Wettbewerb der Regionen) und soziokulturellen Diskussionen (regionale Kultur und Identität, Heimat als Vermarktungsinstrument) zum Ausdruck kommt.

Vor allem in der Neuorientierung der Agrarpolitik als integrierte ländliche Entwicklung fand der Gedanke der Regionalisierung Eingang. Auch im Zusammenhang mit dem Nachhaltigkeitsgedanken gewannen sowohl die Idee einer eigenständigen Regionalentwicklung als auch verschiedene Strategien zur Nutzung endogener Potentiale von Regionen und zur Schaffung regionaler Wirtschaftskreisläufe an Bedeutung VGL. BLOTEVOGEL 2000; ERMANN 2005.

Nicht nur Bauernmärkte profitieren davon, sondern vermehrt auch kleine Delikatessengeschäfte und traditionelle Handwerksbetriebe wie Bäckereien, Fleischereien oder Käsereien, die sich (wieder) an alten Rezepturen orientieren und diese innovativ weiterentwickeln. Ein schönes Beispiel dafür ist das neue Porcus in der Wiener City, ein Fleischerfachgeschäft mit Imbiss- und Cateringangeboten mit

dem schönen Untertitel „Altösterreichische Schweinerei". Ernst
Prischl hat seine konventionelle Produktion aufgegeben, sein Ge-
schäft verpachtet und sich auf den Weg gemacht, um die klassische
altösterreichische Schweinefleischküche bei uns wieder zu entdecken. Er besuchte viele Gaststätten in Tschechien, Ungarn, Serbien,
Friaul, kostete, fragte, notierte, grub sich in kleinen Landwirtshäusern
ein und quetschte in großen Restaurants die Köche aus. Die Be-
richte von der „Rückkehr einer k.u.k.-Legende" machten so schnell
die Runde, dass das Porcus in kürzester Zeit zu einem der heißesten
neuen Lokaltipps in Wien wurde.

Globalisierung erzeugt Regionalisierung

Die Region kann ihre Kraft vor allem deshalb entfalten, weil sie unseren emotionalen Hunger befriedigt: nach Authentizität, Ehrlichkeit, Nachvollziehbarkeit und Unverfälschtheit.
Und als solche ist sie ein Kind der Globalisierung: Erst vor dem Hin-
tergrund von Austauschbarkeit, Unkenntlichkeit und Verbilligung
entsteht das Bedürfnis nach Echtheit und Ursprünglichkeit, das auch
ein Bedürfnis nach der eigenen Herkunft und Lokalisierbarkeit ist,
nicht weit entfernt vom Begriff der Heimat.
Dieser Territorialisierungsprozess, ist komplementär zur Entgrenzung
– die Region balanciert die Globalisierung aus.
Die Definitionen einer Region sind jedoch meist vage und unprä-
zise. Was wir unter Region verstehen, so könnte man überspitzt for-
mulieren, ist von Region zu Region sehr unterschiedlich. In den
USA ist es mitunter gang und gäbe riesige Bundesstaaten wie etwa
Texas als eine Region zu definieren, in Italien decken sich die Re-
gionsdefinitionen meistens mit den Provinzen, in Österreich werden
Regionen noch viel kleinräumlicher definiert (der Bregenzer Wald,
das Ausseer Land, die Wachau, etc.). Vielfach spielen klimatische und
die Bodenbeschaffenheit betreffende Kriterien bei der Charakteri-
sierung eine Rolle, mitunter bloße Distanzbegriffe. Im anglo-amerikanischen Raum ist dies oft ein Radius von 100 Meilen; daher auch
der häufig verwendete Begriff *The 100-mile Diet* für einen auf den
Konsum regionaler Lebensmittel ausgerichteten Essstil – nach dem
gleichnamigen Bestseller von Alisa Smith und J.B. MacKinnon 2007,
der den Trend zu regionalem Essen, den Essstil der sogenannten Lo-
cavores popularisierte.
Weitere Probleme mit der Definition „regionaler" Lebensmittel er-
geben sich daraus, dass in vielen Fällen der Verarbeitungsort mit dem
Ort, woher die Ausgangsprodukte bezogen werden, nicht überein-
stimmt. Tiroler Speck wird oft aus niederländischem Schweinefleisch

produziert, italienisches Olivenöl wird häufig aus spanischen oder griechischen Oliven gepresst, süditalienischer Mozarella aus Waldviertler Milch hergestellt, und die „Original Münchner Weißwurst" darf sich so nennen, auch wenn bloß eine einzige Produktionsstufe in oder um München angesiedelt ist, egal ob die Zutaten aus China, Ungarn, Polen oder sonst wo her stammen.

Oder geht es vielleicht um etwas ganz anderes?

Regional ist emotional

Nach einer repräsentativen Studie des Marketing-Informationsunternehmens AC Nielsen vom Oktober 2007 sehen 83 Prozent der Befragten die österreichische Herkunft von Lebensmitteln als „wichtigstes Argument für umweltfreundliches Einkaufen" AC NIELSEN 2008. Die Tatsache, dass die Herkunft aus Österreich bedeutender eingestuft wird als biologische Lebensmittel aus dem Ausland, die lange Transportwege hinter sich haben, ist „ein enormes Potential für regionale Anbieter und Konzepte, die die Regionalität zum Thema machen." Denn „Regionalität, Frische und Natürlichkeit werden zunehmend zum Faktor für die Kaufentscheidung." PÖCHTRAGER 2006, S. 18

„Regional" wird von Konsumenten nur selten wortwörtlich genommen. Es geht beim Einkauf weniger um die tatsächlichen *food miles*, um die reale Entfernung; „regional" ist vielmehr ein emotionaler Code, der die Entfremdung aufheben soll durch die Gemeinschaftsgefühle, die er erweckt; mit „regional" wird vor allem ein emotionaler Klang eingefangen, Erzählungen von Menschen, Orten, Produkten und Schauplätzen.

Für beide Seiten ist daher eine Face-to-Face-Kommunikation von großer Bedeutung. Konsumenten fällen daraufhin in der Regel positive Kaufentscheidungen. Daher müssten die Eigenschaften, Herstellungsverfahren und der Produktionsort von regionalen Lebensmitteln wesentlich informationsoffensiver und konsumentenorientierter von Anbieterseite artikuliert werden.

Für Konsumenten stellt sich die Frage nach einer schnellen, übersichtlichen Erkennbarkeit von regionalen Lebensmitteln. Hier wären von Anbieterseite dringend Informationsmaßnahmen vonnöten wie Herkunftszeichen, Gestaltung der Lebensmittelverpackungen oder Angebote in Regionalecken (Shop-in-Shop-System). Konsumenten hingegen sind ihrerseits gefordert, sich stärker mit der Lebensmittelerzeugung und -verarbeitung auseinanderzusetzen, damit der Wert regionaler Lebensmittel eingeschätzt, beurteilt und entsprechend monetär honoriert werden kann VGL. DORANDT 2005.

Die 100-Meilen-Diät

Interesse an regionalen Produkten mit guter CO_2-Bilanz ist keine Frage des Alters und Einkommens

„Ich wünsche mir mehr Produkte aus der Region, die keinen langen Transportweg hinter sich haben":

89% | Vierzehn- bis Dreissigjährige
97% | Über Sechzigjährige

„Mich interessiert, wie viel CO_2 für Herstellung und Transport eines Produkts aufgewendet werden musste":

77% | Frauen gesamt
63% | Männer gesamt
80% | Haushalte mit einem Nettoeinkommen von unter 1.000 Euro

QUELLE: ACCENTURE GMBH, 2007

Tiroler Speck aus Schleswig-Holstein?

Da „regionale Lebensmittel" – ausgenommen jene mit „geschützten Ursprungsbezeichnungen" G.U. – EG-VERORDNUNG NR. 628/2008 — im Unterschied etwa zu Bio-Lebensmittel keinen strengen Kriterien unterworfen sind, werden häufig insbesondere verarbeitete Lebensmittel mit regionalen Attributen vermarktet (z. B. Tiroler Schinken), obwohl die Ausgangsprodukte aus ganz anderen Regionen kommen und tausende Kilometer durch Europa reisen. Dies steht zwar im Einklang mit den entsprechenden EU-Verordnungen Z. B. NR. 628/2008, wonach es für „geschützte geographische Angaben (g.g.A.)" ausreichend ist, wenn eine der Herstellungsstufen (Erzeugung, Verarbeitung oder Herstellung) in einem bestimmten Herkunftsgebiet stattfand, ist für die Mehrheit der Konsumenten aber kaum nachvollziehbar.

Zwar ist der wichtigste Kernwert der Regionalität für den Verbraucher nicht die geographische, sondern eine emotionale Nähe, d. h. Ehrlichkeit, Handwerk, Transparenz und die Menschen, die die Produkte repräsentieren, stehen für ihn im Vordergrund. Aber gerade deshalb ist ein „steirischer" Käse, der aus norddeutscher Milch gemacht wird, mitunter eine gute Marketingidee und wahrscheinlich auch eine erfolgreiche Kostensenkungsmaßnahme, gleichzeitig aber auch eine Täuschung. Denn Konsumenten gehen davon aus, dass bei einem Produkt mit regionalem Namen auch regionale Ausgangsprodukte verwendet werden.

Diese Erwartungshaltung hat zuletzt auch die Tiroler Firma Handl, die in der Vergangenheit immer wieder in Erklärungsnöte geraten ist, weil Kunden wissen wollten, was ausländische Schweine im „Tiroler Speck" zu suchen hätten, bewogen, zumindest für die am österreichischen Markt vertriebenen Produkte ausschließlich Schweine zu verarbeiten, die in Österreich geboren, gemästet und geschlachtet wurden.

Das heißt: Wir beobachten mittlerweile auch im Zusammenhang mit Regionalität und Regionalvermarktung eine ähnliche Entwicklung wie bei Bio-Produkten. Auch diese wurden zuerst nur von kleinen Betrieben hergestellt und auf Bauernmärkten, in Reformhäusern oder Bio-Läden verkauft, werden nun aber auch von größeren Betrieben produziert und sind heute in fast jedem Supermarkt zu haben. Dies ist der sichtbare Ausdruck des Wandels: Bio wurde in den letzten Jahren Mainstream und das Konzept regionaler Lebensmittel ist ebenso dabei sich allgemein durchzusetzen.

Der Regio-Trend macht auch vor Discountern nicht halt

Auch große Handelsunternehmen und Discounter haben erkannt, dass die Region mehr und mehr zum wichtigsten Orientierungsmittel wird, das Ursprünglichkeit und Transparenz gewährleistet. Der Rewe-Konzern kooperiert in Hessen mit dem bäuerlichen Direktvermarkternetzwerk Land Markt, das mit seinen Ständen in ausgewählten Rewe-Märkten dazu beiträgt, dass die Einkaufslandschaft für regionale Produkte auch im Supermarkt bunter und reichhaltiger wird. Edeka hat mit der Marke *Unsere Heimat – echt & gut* ein ähnliches Konzept umgesetzt. Seit Oktober 2006 kooperiert der Konzern mit lokalen Erzeugern in Baden-Württemberg, Hessen und Rheinland-Pfalz. Migros setzt in der Schweiz auf das Label *Aus der Region. Für die Region* und selbst ein Discounter wie Plus versucht mit der Marke *ALPA – Genuss aus der Heimat* den Regional-Trend mitzumachen. Hofer ist es in Österreich mit *Zurück zum Ursprung* erfolgreich gelungen eine Marke zu lancieren, die Regionalität und Bio konsequent zu vereinen versteht.

Das zwingt bei saisonalen Produkten aber auch zu einem einschneidenden Umdenken: Das die letzten Jahrzehnte die Supermärkte dominierende Paradigma, dass gelistete Produkte stets verfügbar sein müssen, wird sich ändern (müssen). Mit der steigenden Wertschätzung für regionale und saisonale Produkte und dem wachsenden Wissen der Konsumenten über deren zeitlich begrenzte Verfügbarkeit, steigt auch die „Toleranz" gegenüber Supermärkten, die nicht immer alle Produkte zu jeder Zeit in ausreichender Menge anbieten (können). Im Gegenteil: Es stärkt das Vertrauen in die Anbieter, wenn als regional und saisonal beworbene Produkte nicht ständig verfügbar sind. Die Lust auf bestimmte Produkte wird gerade durch Knappheiten vergrößert. Wer übers ganze Jahr hindurch frischen Spargel aus

Neuseeland oder Südamerika zur Verfügung hat, wird die saisonale Spargelzeit nicht mehr so herbeisehnen. Wer überwiegend auf regionale Produkte setzt, verzichtet umgekehrt leichter darauf, Importware zu kaufen, um die edlen Stangen dann in der europäischen Saison in frischer Topqualität genießen zu können.

Aber auch Supermärkte, die ein möglichst komplettes Sortiment bieten wollen, können es ihren häufig gestressten Kunden durch spezifische Auszeichnung dennoch erleichtern, die „richtige" Wahl zu treffen, weil das Bedürfnis, saisonal einzukaufen nicht immer mit dem ausrechenden Wissen einhergeht, welche Produkte wann in der jeweiligten Region reifen: Eigene Regale, in denen nur Obst und Gemüse aus saisonaler und regionaler Produktion angeboten werden.

Event-Shoping am Bauernmarkt

Vor allem aber wird die Attraktivität des Regionalen auf den boomenden Erzeugermärkten sichtbar; für viele ist diese Form des Einkaufs mehr Erlebnis als Konsum. Ein Event, der insbesondere in den Metropolen zelebriert werden will: Am Wiener Yppenmarkt ebenso wie am Frankfurter Erzeugermarkt an der Konstablerwache: Nicht nur Salate, Obst, Gemüse und Frischfleisch türmen sich auf den Ständen und Tischen, auch unzählige handwerklich und meist direkt am Hof erzeugte Produkte: Weine und Säfte, Marmeladen und Speck, eingelegte Gemüse, geräucherte Fische, Fleisch- und Kartoffelknödel, verschiedene Käse, Torten und Kuchen, selbstgebackenes Brot, Brat-, Blut- und sonstige Würste zeugen von der Vielfalt regionaler, handwerklicher Produktion. Die Faszination macht der direkte Kontakt mit den Produzenten der Waren aus, die Unterhaltung über die Kräuter für die Pestos aus der unmittelbaren Nachbarschaft und die Vorteile der Vogelsberger Forelle gegenüber dem quadratisch-praktischen Alaska-Seelachsfilet aus der Tiefkühltruhe. Regionalität funktioniert in erster Linie über die Individualisierung aller Akteure – der Handelsmarken, der lokalen Produzenten, der Händler vor Ort, der Zulieferer und der Konsumenten – und die emotionalen Bindungen, die sich zwischen ihnen entwickeln.

In kulinarisch besonders markanten Regionen verzeichnen wir auch eine Renaissance der kleinen Greißlerei, die als Mischung aus Bauernladen, Delikatessengeschäft und Vinothek (häufig auch an gehobene Gastronomiebetriebe oder Weingüter angeschlossen) insbesondere auch Touristen zum Gustieren regionaler Spezialitäten einlädt.

Hauben und Sterne auf Regionalkurs

Vermehrt reagieren nicht nur internationale Handelsketten mit speziellen Angeboten auf den Terroir-Trend, sondern auch die Gastronomieszene: Vom einfachen Gasthaus bis zum Gourmetrestaurant setzen immer mehr Betriebe auf regionale Produkte und Rezepte sowie auf eine enge Kooperation mit lokalen Produzenten. Sie legen mehr Wert auf nachhaltige Produktionsweisen, suchen Crossover-Kooperationen in der Region, um Traditionen neu zu beleben und bauen somit auch ihre soziale und ökologische Verantwortlichkeit aus.

Vor allem die Spitzengastronomie hat dieses Potential rasch erkannt und gehört weltweit zu den Vorreitern des Trends. Das New Yorker Blue Hill gilt – nicht erst seit Barack Obama seinen Wahlsieg in zweisamer Privatheit mit Gattin Michelle dort gefeiert hat – als Aushängeschild der boomenden Local Food Restaurants in den USA. Die katalanischen Origen 99'9% Restaurants, die, wie der Name veranschaulichen soll, fast zu 100 Prozent mit regionalen Produkten arbeiten, zählen ebenso wie das Kopenhagener Noma, das sich mit nordischen Spezialitäten aus regionaler Produktion in den Gastrohimmel gekocht hat, zu den populärsten Trendsettern. Auch in Deutschland und Österreich wird Regionalität in der Gastronomie seit einigen Jahren groß geschrieben. Frank Buchholz etwa eröffnete 2005 sein mittlerweile mit einem Michelin-Stern ausgezeichnetes Mainzer Restaurant, in dem vor allem Gemüse verarbeitet werden, die von Äckern direkt hinter dem Lokal stammen. Und in Österreich ist jüngst unter dem Titel *Total Regional* ein erster Restaurantführer erscheinen, in dem 100 Gastro-Betriebe mit AMA-zertifiziertem Bekenntnis zur Region aufgeführt werden.

Die Wiederentdeckung regionaler Produkte und Spezialitäten geht auch mit einer „neuen Bescheidenheit" und dem von den LOHAS (Lifestyle of Health and Sustainability) geprägten Nachhaltigkeits- und Genuss-Credo einher: Auf den Speisenkarten wird man in Zukunft nicht nur die teuren Luxusstücke (wie Filet & Co) finden, sondern vermehrt Gerichte, die eine ganzheitliche Verwertung („Nose to Tail") versprechen. Und dies bedeutet nicht nur einen ökonomischeren und ökologischeren Umgang mit tierischen Produkten, sondern eröffnet auch neue kulinarische Genusserlebnisse.

Transparenz als Herausforderung für die Gastronomie

Rohstoffknappheit, steigende Transportpreise und der Vertrauensbonus, den regionale Produkte genießen, versprechen einen lang anhaltenden Trend. Es lohnt sich daher für Produzenten und Gastronomiebetriebe,

das regionale Profil konsequent zu stärken und innovativ weiterzu-
entwickeln, um von diesem Vertrauensbonus zu profitieren.

Zwar will der Konsument (anders als beim Lebensmitteleinkauf im
Supermarkt) auf der Speisenkarte keine detaillierte Aufzählung von
Inhaltsstoffen und Kalorien etc. lesen, aber er erwartet zunehmend
Informationen über die Herkunft der Ausgangsprodukte und dass
die Speisen nicht aus Convenience-Produkten hergestellt werden.
Diese bieten im Alltag zu Hause eine schnellere Küche, aber wenn
wir im Gasthaus oder Restaurant essen, erwarten wir frische Zubereitung aus frischen, natürlichen Produkten. Dabei wird gerade in
der Gastronomie die Herstellung der Speisen oft verheimlicht; die
Verwendung von Fertigwaren insbesondere in der günstigen und
mittelpreisigen Gastronomie ist gang und gäbe. Da nützt es auch
nichts, das Schnitzel aus biologischer und regionaler Produktion auf
der Karte auszuzeichnen, wenn die Beilagen (vom Kartoffelsalat bis
zum Püree) undeklarierte Fertigwaren sind. Im Gegenteil, der Hinweis auf die regionale, biologische Herkunft des Fleisches suggeriert
natürliche, selbstgemachte (Hausmanns-)Kost, die insgesamt aber
nicht eingelöst wird.

Die Seele isst mit: Gourmet Gardening

Seit der Vertreibung aus dem Garten Eden wünscht sich der Mensch ins
Paradies zurück – besonders und vor allem, wenn er in der Stadt lebt.
Der eigene Garten ist Projektionsfläche für Sehnsüchte und Hoffnungen aller Art geworden, er ist eine Art „Stundenurlaub" und genau wie dieser eine
kleine Flucht und manchmal auch eine große vor dem meist gar nicht sehr
großartigen Alltag. Diverse Nobelgärtner und Onlineshops leben prächtig
davon, kaum handtuchgroße Dachgärten aussehen zu lassen wie ein ge-
schichteüberwuchertes Refugium am Comer See. Die dazugehörigen Besitzer wiederum geben ein Vermögen dafür aus, auch als schlichte Bank-
angestellte und mehr oder weniger gestresste Freiberufler wie stilbildender
britischer Landadel auszusehen, den wir gerade zwischen zwei Ausritten
oder vor einem Cricketmatch antreffen.
Diese Kompensationsfunktion des Gartens gibt es, seit es Gärten gibt und
ihr ist spätestens seit John Seymours *Das große Buch vom Leben auf dem
Lande* nichts hinzuzufügen – außer einem bequemen Loomchair vielleicht
und einer Karaffe Eistee mit selbst gezogener Minze.
Allerdings hat der Garten in jüngster Zeit eine interessante neue Funktion
bekommen: Er ist zunehmend als Lieferant von frischen Lebensmitteln in
aller Munde und das ist insofern erstaunlich, als zumindest in unseren
Breiten selbst ein gepflegter Garten kaum mehr an Obst, Gemüse oder
Kräutern hervorbringt als jeder auch nur halbwegs gut sortierter Supermarkt.

Der Wettbewerb der Werte und neue Partnerschaften

Der Wettbewerb um Vertrauen und Werte wird in den kommenden Jahren steigen und fundamentalere Auswirkungen haben als der Wettbewerb der Preise. Eine offene und glaubwürdige Kommunikation zur Herkunft, Verarbeitung und Zusammensetzung der Gerichte ist daher in Zukunft auch in der Gastronomie unerlässlich und sie wird Mogelpackungen jeder Art abstrafen, denn die Gäste sind mittlerweile Convenience-Profis, lassen sich immer weniger ein X für ein U vormachen. Sie laufen aber auch nicht lautstark aus dem Gasthaus, wenn der Koch ihnen erklärt, dass er Tiefkühlerbsen verwendet, weil frische Erbsen in vergleichbarer Qualität nicht zu bekommen sind.

Die Regionalisierung wird neben lokalen Betrieben auch die Idee von Partnerschaften fördern. Während es in der globalen Ökonomie vor allem um Gewinnmaximierung geht, geht es bei der Regionalisierung vor allem um Kooperation und gegenseitige Unterstützung. Weil es keine Anonymität gibt, sind Verantwortung und Ehrlichkeit überprüfbar, der Erfolg ist immer ein Erfolg von allen oder niemandem und er ist bei Gelingen fast immer besonders nachhaltig.

Der aktuelle Trend zum Gourmet Gardening, der vor allem im urbanen Raum zu beobachten ist (ob auf dem Dachgarten, dem Balkon, dem Vorgarten oder im begrünten Hinterhof, temporär auf städtischen Brachflächen oder langfristig in den Schrebergärten an den Randzonen), ist jedoch nicht bloß eine Modeerscheinung; er ist eine produktive Reaktion auf unsere großteils urbane Lebenswirklichkeit sowie die Tatsache, dass wir uns in unserem medialisierten und technisierten Alltag immer mehr in virtuellen Welten bewegen, die immer weniger reale Naturerfahrungen ermöglichen.

Gärtnern ist – wie Kochen – eine Strategie gegen die Entsinnlichung unseres Alltags und ein aktiver Beitrag zur Entschleunigung unseres Lebens. Der Gourmetgärtner verbindet beides miteinander: Die Lust am Pflanzen, Gestalten, Pflegen und Ernten mit dem kulinarischen Genuss der selbst gezogenen Lebensmittel, der doppelt intensiv wahrgenommen wird, weil die Früchte aus dem eigenen Garten stets absolut frisch und weil sie Produkt der eigenen Arbeit sind.

Mehr und mehr wissenschaftliche Studien belegen zudem den positiven Einfluss auf Körper und Seele durch einen Aufenthalt in der Natur bzw. beim aktiven Pflegen eines (auch noch so kleinen) Gartens. Da Gesundheit als Megatrend viele Konsumtrends beflügelt, da Frische und Qualität der Lebensmittel bei Verbrauchern im Zentrum stehen, und da Individualität in unserer Massengesellschaft ein wichtiger Wert ist, kann der Trend zum

Gemeinsam zu mehr Qualität

Dass solche Partnerschaften zukunftsweisende Modelle nicht nur für erfolgreiche Regionalentwicklung sein können, sondern auch zu einer markanten Qualitätssteigerung in der Produktion führen, zeigt auch das Beispiel der oststeirischen Gemeinde Straden, die in Feinschmeckerkreisen lange Zeit nur als Heimat des Topwinzers Albert Neumeister bekannt war. Dann gesellte sich ihm ein kleines Feinkostgeschäft hinzu und weil in der Region zahlreiche Köstlichkeiten vertrieben werden und in der näheren Umgebung auch weitere landwirtschaftliche Delikatessen kultiviert und veredelt werden, haben sich von ein paar Jahren an die 30 Produzenten aus der unmittelbaren Region zusammengeschlossen und die Gruppe de Merin gegründet – benannt nach dem mittelalterlichen Begründer des Dorfes, dem Pfarrer Henricus de Merin.

Zu den Delikatessen gehören Mangalitzaschwein, Eierschwammerl, Nudeln, Kernöl, Mostessig, Fruchtbrände und Liköre, Ziegen- und Schafskäse, Qualitätsweine, Sauerkraut, Bauernbrot, Waldhonig, Freilandeier, Marmeladen, Grammeln, biologisches Getreide, eingelegtes Gemüse, Würstel u.v.a.m.

Gourmet Gardening die vielfältigsten Sehnsüchte und Bedürfnisse vieler Menschen befriedigen.

Ob als Schrebergarten, als Kräutergarten auf der Fensterbank oder am Balkon, ob in der elaborierten Form des Vertical Farming in den grünen Hochhäusern der nahen Zukunft oder als kommunales Sozialprojekt in Form der amerikanischen Inner City Farms oder des Guerilla Gardenings in Wien und Berlin: Der Garten ist – in welcher Form auch immer – ein Modell für die Integration der Natur in das naturfreie Habitat der Stadt, man könnte auch sagen: für das mit der Welt und ihren Bedingungen ausgesöhnte Leben. Und wenn darin noch frische Gemüse, Kräuter und essbare Blüten gedeihen, kann man sich dieses Leben auch noch tagaus tagein auf der Zunge zergehen lassen.

Mit dem Lifestyle of Health and Sustainability (LOHAS), dem prägenden Lebensstil des jungen, urbanen Bürgertums, konveniert Gourmet Gardening perfekt. Es vereint Natur- und Gesundheitsbewusstsein. Und das eigene Pflanzen, Pflegen und Ernten von Kräutern, Gemüse und Obst trägt auch zur Wertschätzung der landwirtschaftlichen Produktion sowie zum Abbau der Entfremdung zwischen Produzenten und Konsumenten bei. Dies ist auch ein Schritt in Richtung Akzeptanz höherer Preise für landwirtschaftliche Primärprodukte.

Dank Ernährungsbewusstsein und Bioboom steigt die Zahl der städtischen Hobbygärtner. Die selbstgezogene Flaschentomate wird zum Statussymbol

Das Angebot ist vielfältig, aber sämtliche Produkte haben zwei Dinge gemeinsam: Sie werden im Gebiet der Pfarre Straden von ambitionierten Landwirten erzeugt und sie werden nach strenger Qualitätsprüfung durch ausgezeichnete Köche und namhafte überregionale Produzenten (von Willi Haider über Alois Gölles bis Josef Zotter) für Wert befunden, in die *Kollektion de Merin* aufgenommen zu werden.

Der beste Freund von Bio

Der Trend zur Region baut dabei auf Grundsätzen des Bio-Trends auf (Nachhaltigkeit, geschlossene Kreisläufe, kurze Transportwege, Förderung der Sorten- und Artenvielfalt etc.) und popularisiert damit die ökologischen Grundsätze jenseits der Bio-Szene, vor allem aber kann der Regional-Trend „Bio" unterstützen.

Denn trotz der anhaltenden Bio-Konjunktur unterliegt auch der Bio-Trend Veränderungen. Die Branche muss sich mit Einfallsreichtum und Originalität der steigenden Konkurrenz und beginnenden Normalität stellen. Zusätzlich zu dem Wunsch nach absoluter Natürlichkeit der Produkte wächst der Gedanke an ethische und soziale Aspekte oder an die Umweltverträglichkeit eines langen Transports. So sind eine nachhaltige Anbaumethode und der Verzicht auf Chemie allein als Verkaufsargumente nicht länger ausreichend, die Produkte müssen sich über einen Extra-Mehrwert positionieren: Exklusivität, Fair Trade und vor allem Regionalität.

Der Haken des Regionalitätskonzeptes ist es, dass regionale Lebensmittel von vielen Konsumenten grundsätzlich als ökologisch und sozial verträglicher eingeschätzt werden als vergleichbare Lebensmittel aus überregionaler oder internationaler Produktion. Doch diese Annahme ist nicht immer richtig. Denn neben dem Ort der Erzeugung entscheidet eine ganze Reihe anderer Faktoren bei der Frage, wie empfehlenswert ein Lebensmittel aus Klimaschutzsicht tatsächlich ist. Sowohl die Produktionsbedingungen, die Verarbeitung, Verpackung und der Vertrieb des Lebensmittels spielen eine Rolle, als auch die Jahreszeit oder das Verhalten der Verbraucher. Guido Reinhardt, Sven Gärtner, Julia Münch und Sebastian Häfele haben in einer Studie regionale Lebensmittel mit Produkten aus

des urbanen Trendsetters. Die Menschen wollen ihre Freizeit sinnvoll nutzen und dabei Neues entdecken: Nicht mehr nur Kartoffeln und Bohnen wachsen in den urbanen Gärten Mitteleuropas, sondern auch Exoten wie Zitronengras und Erdmandeln.

Oder wie sagte ein Berliner Investmentbanker voller Rührung: „Die erste selbstgezogene Tomate ist wie die erste Freundin. Die vergisst du nie ..."

FOOD CHANGE – 7 LEITIDEEN FÜR EINE NEUE ESSKULTUR

überregionaler und internationaler Produktion und Vertrieb nach mehreren Parametern vergleichen und am Beispiel von sechs Nahrungsmitteln (Apfel, Kopfsalat, Rindfleisch, Bier, Brot und Milch) berechnet, wie hoch der Energieverbrauch und die Klimagasemissionen über den vollständigen Lebenszyklus dieser Produkte sind – also von der Produktion über die Verpackung und den Vertrieb bis in den Einkaufswagen der Verbraucher.

Die Ergebnisse VGL. REINHARDT U. A. 2009 zeigen, dass regionale Lebensmittel nicht deswegen ökologisch besser abschneiden, weil sie regional angebaut werden. So zeigt – um nur ein Beispiel zu nehmen – Kopfsalat im Winter aus Spanien eine bessere Klimagas- und Energiebilanz als ein regional im beheizten Gewächshaus produzierter Salat. Aus ökologischen Überlegungen sind lange Transportwege allein nicht das Problem, meistens nicht einmal das zentrale. Sonnengereifte Tomaten aus dem Süden Europas belasten die Umwelt mitunter weniger als Tomaten, die in Deutschland oder Österreich in geheizten Glashäusern gezogen werden.

Denn die Produktion von Nahrungsmitteln belastet die Umwelt fast immer mehr als der Transport vom Produzenten zum Händler. Die wichtigste Einflussgröße ist in jedem Fall jedoch der Verbraucher selbst. Sein Einkaufs- und Konsumverhalten entscheidet maßgeblich über den ökologischen Rucksack der Lebensmittel: Fährt er ausschließlich zum Kauf des Lebensmittels mit dem Auto zum Handel, spielt die eigentliche Produktion des Lebensmittels nur noch eine untergeordnete Rolle. Damit macht er letztlich alle Vorteile einer ökologisch sinnvollen Erzeugung wieder zunichte. Deutlich vorteilhafter sind Großeinkäufe mit reduzierten Fahrtwegen, z. B. durch kleine Umwege bei sowieso geplanten Fahrten bzw. Einkäufe zu Fuß oder mit dem Fahrrad. Kauft er dann noch regionale Lebensmittel aus saisonaler Produktion, ist er in der Regel in Bezug auf die Ressourcenschonung und Klimaschutz auf der sicheren Seite.

Religion Region?

Fassen wir zusammen: Das Denken in Regionen, lokalen Netzwerken und langfristigen Partnerschaften ist die zentrale Antwort auf den zunehmenden Verlust an Identität und Vertrauen. Mit der Region wird Nähe gesucht, und zwar in Form von Entstehungsnähe, aber vor allem in Form von Emotionsnähe.

Das ist kein Monopol des „Konzepts Region", aber es ist seine große Stärke. Durch diese Emotionalität besitzt sie soviel Innovationspotential gerade für kleine und traditionsreiche Unternehmen, Landschaften und Küchenformen, dadurch können sie Kontur gewinnen und Kunden.

Das bedeutet auch, dass die Chancen von Regionalität in den globalisierten Märkten – ökonomisch wie kulinarisch – interessanterweise umso größer sind, je weniger das Regionale vor allem auf eine Marketing-Konstruktion abzielt und je aufrichtiger und ehrlicher man an die Sache herangeht. Warum etwas erfinden, wenn es so viel wieder zu entdecken gibt? Warum mogeln, wenn das Wahre gesucht wird und im riesigen Reservoir bislang uneingelöster Zukünfte gefunden werden kann?

Und deshalb wird die Zukunft vielfach vor allem eins sein: die Einlösung schon längst gedachter, aber noch nicht umgesetzter Möglichkeiten und Wünsche jenseits technischer Innovationen und ihrer Märkte.

Food Change: Zukunftsmenü 2

In Zukunft wird unser Essen neue Geschmacksrichtungen haben. Ausgewählte Rezepte für Nähe, Emotionalität, Identität und Sinn:

Konsumenten ...

... erwarten authentische Lebensmittel und suchen persönliche Beziehungen zu Produzenten und Verkäufern

... nutzen ihre Gärten, Terrassen, Balkone und Fensterbänke auch für den individuellen Anbau von Kräutern und Gemüse

... kaufen verstärkt auf Bauernmärkten und Ab Hof ein und werden in der Folge auch im Supermarkt regionale und saisonale Verknappungen akzeptieren und wertschätzen

... interessieren sich zunehmend für Produktionsbedingungen und Herstellungsverfahren und orientieren ihr Einkaufsverhalten daran

... sind bereit für alles, was ihren emotionalen Hunger nach Ursprünglichkeit, Echtheit und Authentizität befriedigen kann, auch angemessene Preise zu bezahlen

Produzenten ...

... treten mit ihren Kunden in Dialog und gewinnen das Vertrauen der Konsumenten durch ehrliche Kommunikation

... nutzen neue Medien (Internet, Weblogs, Applications für Smartphones etc.), um über Produktqualität, Herstellungsverfahren und Unternehmensphilosophie zu informieren

... bauen ihre soziale und ökologische Verantwortlichkeit aus und intensivieren regionale Kooperationen

... beleben Traditionen neu und führen Handwerk und Ursprünglichkeit unterstützt durch neue Techniken in die Zukunft

Gastronomen ...

... bieten verstärkt ursprüngliche, echte, authentische Produkte und die dazugehörigen Erlebniswelten an (Schaugärten und -küchen, Greißlereien, etc.)

... vermeiden die Verwendung von standardisierten Convenience-Produkten

... bauen erfolgreiche Partnerschaften und Netzwerke mit regionalen Produzenten auf, die das Qualitätsniveau und die eigene Glaubwürdigkeit heben

... beleben regionale Speisetraditionen mit innovativen, leichteren und gesünderen Zubereitungsarten

... geben regionalen Produzenten neue Impulse, unterstützen sie bei Produktinnovationen und bei der Erhaltung der Sorten- und Artenvielfalt

... entwickeln und stärken das kulinarische Profil der jeweiligen Region

Handelsunternehmen ...

... nutzen vermehrt regionale Infrastrukturen und kooperieren verstärkt mit regionalen Produzenten

... unterstützen die Konsumenten bei der Auswahl regionaler und saisonaler Lebensmittel (durch besseres Angebot und entsprechende Gestaltung der Regale)

... bieten regionalen Produzenten Raum und Gelegenheit zur persönlichen Präsentation ihrer Produkte

Gemeinsam genießen

In Zukunft werden wir nicht weniger gemeinsam essen,
aber wir werden unser Essen ganz anders gemeinsam genießen.

„Mensch, du siehst miserabel aus!"
„Findest du?"
„Geradezu beschissen."
„Das kommt wahrscheinlich vom vielen Alleinessen."

aus: *Mein Essen mit Andre*

Susanne L. ist eine begnadete Köchin. Ihr Mann und ihre drei mittlerweile erwachsenen Töchter, ihre Eltern, ihre Schwester und ihr Schwager genießen häufig gemeinsame Abende mit mehrgängigen Menüs. Diese haben über die Jahre ein beachtliches Niveau erreicht (alle sind sich darüber einig, dass Susanne jederzeit ein Restaurant eröffnen könnte!) und die Atmosphäre ist so entspannt wie die Zutaten frisch und der Wein ausgesucht.

Susanne L. hat aber auch einen Full-Time-Job als Steuerberaterin und kann es sich nicht leisten, einen ganzen Nachmittag in der Küche zu stehen, um ihre Familie zu bekochen. Und schon gar nicht will sie – während die Gäste am Esstisch nicht nur köstlich essen, sondern sich auch köstlich unterhalten – alleine in der Küche vor sich hinschwitzen.

Die neue Gemeinsamkeit

Wie kann das funktionieren? Wie schafft sie es, drei oder vier frisch gekochte Speisenfolgen aufzutischen und auch noch etwas davon zu haben? Die Antwort lautet „Küchenpool"!

Susanne hat im Laufe der Zeit einen gut eingespielten Freundeskreis entwickelt, in dem gemeinsam füreinander gekocht wird: Zwei oder drei Freundinnen bereiten in größerer Menge jeweils nur einen einzigen Gang zu, vor dem Abendessen werden die Komponenten untereinander ausgetauscht. So erhält jede Familie ein exzellentes mehrgängiges Menü, obwohl jede Köchin nur relativ kurze Zeit in der Küche verbringt und ihre ganze Aufmerksamkeit nur einem Gericht widmen muss.

Ist das die Zukunft? Es ist zumindest eine gangbare Möglichkeit, der Zeitknappheit unseres Alltags mit Kreativität zu begegnen und dem vielbeschworenen Untergang der Esskultur Einhalt zu gebieten. Denn Gemeinsamkeit ist ein grundlegendes Bedürfnis des Menschen und es wird nicht weniger, nur weil wir weniger Zeit haben. Es wird sich allerdings neue Formen suchen, auch jenseits der traditionellen Familienmahlzeit.

Ein weiteres Beispiel für ein zukunftsweisendes Konzept der Gemeinsamkeit ist das Meal Sharing, das insbesondere unter Singles immer beliebter wird: Diese Art des gemeinsamen Kochens ist exzessiver und weniger durchgeplant, erfüllt aber ähnliche Bedürfnisse – man teilt die Last des Kochens und gelangt so zur Lust am Kochen. Meal Sharing bedeutet, dass man sich vorwiegend unter der Woche und dann natürlich abends zum gemeinsamen Kochen einlädt. Meist wird auch der Einkauf verteilt, je nachdem wer gerade am nächsten Markt vorbeikommt oder eine neue kulinarische Entdeckung gemacht hat und diese unbedingt ausprobieren möchte. Kulinarisch bleiben dabei keine Wünsche offen, die Geselligkeit lebt hoch und lässt nebenher noch unternehmerische Ideen entspringen, die nicht selten überzeugender sind als Outputs professionell organisierter Kreativ-Workshops.

Neue Lebensverhältnisse, neue Essverhältnisse

Die gern erhobene Klage, dass das gemeinsame Essen auf dem Rückzug ist, übersieht einen entscheidenden Punkt: Dieser Umstand gilt vor allem für das gemeinsame Essen innerhalb der klassischen Familie. Und weil diese sich in unserer Gesellschaft auflöst bzw. neue Formen – Stichwort Patchwork-Familie – entwickelt, verschwinden auch die alten Rituale:

– Ja, es stimmt, kaum ein Kind kommt heute nach der Schule nach Hause und begrüßt dort seine Mutter, die bereits ein frisches, warmes Essen vorbereitet hat und der einzige Ärger besteht darin, dass es den Obstsalat mit Minze nicht mag, der als Dessert serviert wird.
– Ja, es stimmt, kaum eine Familie fährt heute nach dem Kirchgang zu den Großeltern, wo alle den Sonntagsbraten loben und die Erwachsenen dann die Ereignisse der Woche besprechen, während die Kinder im Garten spielen.

Aber nein, es stimmt nicht, dass wir versuchen sollten, diese Welt wieder aufleben zu lassen bzw. alle Anstrengungen unternehmen sollten, an ihr festzuhalten. Mit neuen Lebensverhältnissen entstehen neue Essverhältnisse und das ist gut so.
Neue Konzepte wie Meal Sharing oder Susannes Küchenpool werden eines Tages Mainstream sein. Diese Beispiele zeigen, dass Teile unserer Gesellschaft nicht mehr gewillt sind, sich wie in Zeiten der wirtschaftlichen Boomphasen zwischen Arbeit- und Privatleben aufreiben zu lassen; dass wir offen sind für neue, unkonventionelle Konzepte und Ideen, die eine zufriedenstellende Organisation unseres

Essens ermöglichen – auch jenseits tradierter Formen und mitunter auch an Orten, an denen Essen bislang vielleicht gar keine oder nur eine geduldete und unbefriedigende Rolle spielte. Wir sind heute mehr denn je auf der Suche nach neuen Esslösungen, nicht nur im privaten Bereich sondern auch an öffentlichen Plätzen wie Betrieben und Büros, in Schulen und Freizeiteinrichtungen, nach Konzepten, die Synergien bieten und die Grenzen zwischen Privat- und Berufsleben durchlässiger machen.

Spricht etwas dagegen, dass Frauen zu mittags mit ihrem Mann in der Betriebskantine seines Unternehmens essen? Dass Väter ihren Lunch in der Ganztagsschule ihrer Kinder einnehmen und so auch untertags mit ihnen eine Stunde gemeinsam verbringen können? Vorab könnten sie sich ja – wie es ein Projekt in England vormacht – via Internet (www.myschoollunch.co.uk) über den aktuellen Menüplan ihres Kindes informieren. Und was wäre, wenn Freundinnen ihren Einkaufsbummel im Shopping-Center mit der gemeinsamen Zubereitung eines kleinen Abendessens im Kochcenter eines Supermarktes abschließen könnten, das sie dann mit nach Hause nehmen, um ihre Lieben zu verköstigen? Oder sich im Kochshop à la Jamie Oliver die fertig zusammengestellten, frisch gewaschenen und vorgeschnittenen Ausgangsprodukte samt professioneller Schritt-für-Schritt-Kochanleitung für ein (Fast-)Fertiggericht der neuen Art besorgen, das zu Hause im Nu zubereitet ist ohne an die Einkaufsliste denken zu müssen?

Jede Gegenwart war einmal die Zukunft – neue kreative Lösungen verlangen bloß mehr Offenheit und Flexibilität bei Unternehmen und Bildungseinrichtungen, sowie die Bereitschaft für Innovationen in der Gastronomie, im Handel, bei der Politik und den Produzenten jener Produkte, die im engeren oder weiteren Sinn unsere Ernährung tangieren: von Lebensmittelherstellern, Küchendesignern und Architekten, von Haushaltsgeräteproduzenten, etc.

Die Unübersichtlichkeit der Haushalte

Es ist unbestreitbar, dass die alten Zeiten, in denen die drei Hauptmahlzeiten Frühstück, Mittagessen und Abendessen die Arbeitszeit strukturierten, vorbei sind; dass wir im Alltag den gemeinsamen Esstisch zu Hause nicht mehr regelmäßig zelebrieren können. Aber wir erkennen auch immer deutlicher den Preis, den wir zahlen, wenn wir uns getrieben von den neuen Arbeitswelten der vollen Entritualisierung des Essens ausliefern. Besonders betroffen sind die Jungen, bis Dreißigjährigen, die ständig wachsende Anzahl an Personen in Single-Haushalten vor allem im städtischen Raum, Patchwork-Familien mit sehr unterschiedlichen Tagesabläufen und Personen in den neuen Wissens- und Dienstleistungsberufen.

Der Wandel der Haushaltsgrößen

	Single Haushalte in %	Haushalt mit 3 und mehr Personen in %
1970	25	48
1980	30	41
1990	35	35
2000	36	31
2007	39	27

QUELLE: STATISTISCHES BUNDESAMT 2009

Mit durchschnittlich sieben Produkten im Kühlschrank haben sie in den letzten Jahren eine gänzlich andere Lagerhaltung etabliert, sie kaufen unregelmäßiger ein und kochen deutlich weniger als Mehrpersonenhaushalte mit regelmäßigen Arbeitszeiten. Wenn sie kochen dann überwiegend spontan, funktionell und öfter kalt. Heute sind es im deutschsprachigen Raum nur noch rund 45 Prozent, die ihr Essen immer zu festgelegten Tageszeiten einnehmen. Der Rest improvisiert und isst vermehrt situations- oder anlassbezogen. Ist das Meeting früh genug fertig, geht man noch gemeinsam essen, wenn nicht, isst man am Bahnhof, am Würstelstand, beim Bäcker ums Eck oder im Supermarkt.

Laut einer aktuellen Studie möchten sich 85 Prozent der arbeitstätigen Bevölkerung allein in Deutschland jedoch anders ernähren als sie es im Alltag tatsächlich tun NESTLÉ STUDIE 2009. Wir trauern dem Verlust der guten alten Mahlzeit nach und übersehen, dass wir diesem Wandel unserer Esskultur nicht hilflos ausgeliefert sind. Ein Wandel, der im wissenschaftlichen und populärwissenschaftlichen Diskurs in den letzten beiden Jahrzehnten vor allem von Negativschlagzeilen geprägt war: Da wurde das „Ende der Tischgemeinschaft" ausgerufen, der „Verlust der Kochkunst" und die endgültige „McDonaldisierung unserer Gesellschaft" (Georg Ritzler) beklagt. Die vielen Single-, Einsam- und Nebenbeiesser waren Beleg für die Erosion Jahrhunderte alter gemeinsamer Essrituale, für die „unglücklichen Mahlzeiten" (Michael Pollan), die zwischen Tür und Angel, am Schreibtisch, in der U-Bahn, im Auto, am Imbissstand oder im Fast-Food-Restaurant eingenommen werden.

Essen neu

Diese Unzufriedenheit mit der eigenen Ernährung hat vordergründig mit den unmittelbaren, sichtbaren Folgen zu tun: mit dem grassierenden Übergewicht und den ernährungsabhängigen Krankheiten.

Gerne werden dafür die falschen Angebote verantwortlich gemacht: Fast Food und die hoch verarbeiteten Angebote der Lebensmittelindustrie. Aber wenn man genauer hinschaut, fällt einem auf, dass die Probleme nicht nur im „falsch ernähren", im Sinne falscher Lebensmittelauswahl, sondern auch im „falsch essen" zu finden sind, in der unbefriedigenden Organisation unsere Mahlzeiten.

Letzteres macht es einem nicht nur besonders schwer die richtige Dosis zu finden, es schleicht sich auch ein nachhaltiges Unwohlsein ein, das Zweifel schürt und Verunsicherung auslöst. Ist das überhaupt noch gesund, was ich da esse? Warum werde ich nicht richtig satt? Woher kommt der plötzliche Heißhunger? Warum habe ich immer wieder Lust auf etwas Süßes? Warum stimmt meine Verdauung nicht mehr? Soviel esse ich doch gar nicht – warum nehme ich trotzdem zu? Man kann diese Fragen auch als Symptome betrachten, die vom Verlust der gemeinsamen Ess- und Kochrituale und von der Entsinnlichung des Alltagsessens genährt werden.

Was, wann, wie und mit wem wir essen, das hat sich – in Abhängigkeit von je bestimmten ökonomischen Möglichkeiten und saisonalen Angeboten – bis vor zwei, drei Jahrzehnten nur sehr langsam verändert. Unsere Mahlzeitengestaltung und die traditionellen Zubereitungsarten der jeweils regional geprägten Speisen boten den Essenden auch eine unhinterfragte Sicherheit: im physiologischen, aber auch im psychologischen und sozialen Sinn. Sie strukturierten unseren Arbeitsalltag, festigten die Gruppenidentität und gewährleisteten (zumindest dort, wo sie nicht grundsätzlich von Mangel bestimmt war) eine weitgehend ausgewogene Ernährung.

Ein Food Trend ist noch keine Lösung

Massive gesellschaftliche Veränderungen – ausgelöst und forciert durch Megatrends wie Globalisierung, Individualisierung, neue Arbeitsformen und Geschlechterverhältnisse – haben unser tradiertes Essverhalten aber nachhaltig erschüttert. Zunächst einmal in sehr positivem Sinn: Die Produktivitätssteigerungen haben in den industrialisierten Ländern den Hunger (fast) beseitigt und das Lebensmittelangebot massiv gesteigert: Das Schlaraffenland schien mit Anfang der siebziger Jahre für immer größere Teile der Bevölkerung Wirklichkeit zu werden. Doch gleichzeitig hat sich auch die Struktur der Mahlzeiten zunehmend aufgelöst. Saßen 1994 noch 90 Prozent der Österreicher und Österreicherinnen mittags am Esstisch, so sind es 15 Jahre später nur mehr etwa zwei Drittel. Immer mehr Menschen, vor allem im städtischen Raum, essen spontan, zwischendurch und nebenher.

Der entfesselte Markt der neunziger Jahre schien für jede Lebenslage, für jedes Problem und für jedes Bedürfnis eine passende Lösung parat zu haben. Fast Food und Convenience als passable Lösungen für akute Zeitprobleme, Health und Bio Food als essbare Antworten auf das wachsende Gesundheits- und Umweltbewusstsein, Mood Food zur Gefühlsmodulierung und Slow Food für den Genießer, der Terroir- bzw. Regional-Trend als Reaktion auf die Globalisierung. Jedes Produkt, jede essbare Serviceleistung sollte nicht nur einen simplen Gebrauchswert, sondern auch einen möglichst emotionellen Zusatznutzen bieten. Zur Auswahl standen: Gesundheit, Region, Genuss, Schönheit, Schnelligkeit, Umweltschutz, Moral etc. Das Soziale und die Kultur der Gemeinschaft blieben aber meist ausgeblendet.

Nun jedoch zeichnen sich Entwicklungen ab, bei denen nicht der simple Gebrauchswert von Produkten und Dienstleistungen im Zentrum steht, sondern die darauf hinauslaufen, dass wir nicht mehr länger gewillt sind, die Veränderungen unseres Essverhaltens unhinterfragt hinzunehmen bzw. deren Folgen nur mit „technischen" Lösungen zu sanieren. Diese neuen Entwicklungen kommen vor allem aus „dem Herzen der Zivilisation" SYMONS 2004 bzw. von den „Architekten der Familie", wie Jean-Claude Kaufmann 2005 das Kochen bzw. den gemeinsamen Familientisch genannt hat. Es geht in Zukunft nicht mehr allein um Versorgung oder um Problemlösung, sondern um Lebensqualität. Eine Dynamik, die – scheinbar paradox – gerade durch die globale Wirtschafts- und Strukturkrise weiter befördert wird.

Man nehme: Sinn

Denn in der Krise findet auch ein geistiger Paradigmenwechsel statt. Im Niedergang alter Gewissheiten suchen Menschen nach Zukunftssinn. Die Ökologie, die eigene Region, die Familie, der Freundes- und Bekanntenkreis sowie gemeinsames Genießen sind jene symbolischen Sinnstifter, in denen sich die Sehnsüchte und Ängste der Menschen absorbieren. Wenn die Wachstumskräfte versagen, beginnen wir über uns selbst und unsere wirklichen Bedürfnisse nachzudenken: Was ist mir wirklich wichtig? Was gibt mir Sicherheit? Warauf kann ich vertrauen? Was macht mir wirklich Freude? Und wir stellen so meist fest, dass wir uns schon eine ganze Weile vom Wesentlichen haben ablenken lassen, Weichen falsch gestellt haben und uns im Alltag neu positionieren möchten VGL. HORX 2009.

In der Krise kommt es zu einer Innenwendung: man kümmert sich wieder mehr um das eigene Wohlbefinden, rückt sozial näher zusammen, kocht häufiger, isst bescheidener oder sucht nach neuen

Kooperationsformen auch beim Kochen. Demonstrativer Konsum nimmt ab bzw. taugt nicht mehr als Status-Expression. Das bestätigen auch aktuelle Umfragen, wie etwa die jährliche Generali-Geldstudie in Österreich: Gespart wurde 2009 bei teuren Urlaubsreisen, Autos, Mode und Bekleidung, Alkohol und Tabak. Mehrausgaben dagegen wurden (insbesondere von den Jüngeren) vor allem beim Wohnen und beim Sport, bei Aus- und Weiterbildung, der privaten Gesundheitsvorsorge sowie der Ernährung geplant.

Die Renaissance der Werte

35 Prozent der Österreicher wollen angesichts der Krise weniger in Restaurants und Gasthäusern essen NIELSEN/ALLIANZ AGES 2009, 21 Prozent geben an, dass sie seit Beginn der Krise tatsächlich öfter zu Hause essen. Der Rückzug in die eigenen vier Wände, der Fokus auf die Lebens- und Beziehungsqualität erleben in Zeiten wachsender Ungewissheit eine Renaissance. Die Frage nach der Qualität, der Werthaltigkeit und des Warum wird in unserem Handeln und unseren Konsumentscheidungen immer wichtiger. Es geht um Werte, darum, „Lebensqualität und Selbstverwirklichung zu leben und dabei gleizeitig ein stimmiges und befriedigendes Verhältnis zu Mitwelt und Gesellschaft zu erhalten" WENZEL 2009, S.9. Zeit und Geld, die notwendig sind, um gut zu Essen, werden gezielter eingesetzt. Man spart dafür lieber an Dingen, die – wie z. B. Süßigkeiten – meist bloß dem unbewussten Konsum nebenbei dienen ROLL_AMA 2009.
Damit rücken auch das Kochen und die Tischgemeinschaft wieder in den Mittelpunkt, weil sie unserem Leben – jenseits bloßer Versorgung mit Nahrung – Sinn und Orientierung verleihen, es in einem größeren Zusammenhang der Tradition, der Zusammengehörigkeit und wechselseitigen Verantwortung erscheinen lassen. Kurz, weil wir uns auch wieder an die symbolische Bedeutung von Kochen und gemeinsam Essen erinnern, die weit über das Konkrete des Alltäglichen hinausgeht.
Essen ist immer auch eine Sache der Kultur und des Gefühls. Beim gemeinsamen Essen wird das Band geknüpft, das die Familie zusammen- und Freundschaften erhält. Wie zu Zeiten der Urgesellschaften entsteht Gemeinschaft immer noch vielfach dadurch, dass wir unsere Nahrung miteinander teilen: am Familientisch, beim Geschäftsessen, bei der Hochzeit, bei der Taufe, beim Geburtstagsfest, beim Leichenschmaus oder bei Grillparties.

Das Comeback der Tischgemeinschaft

Radikal geändert aber hat sich in den letzten Jahrzehnten die Art und Weise, wie wir die Tischgemeinschaft organisieren. Individualisierung, Emanzipation und neue Arbeitsverhältnisse haben die Frauen schrittweise aus ihrer traditionellen Rolle des allverantwortlichen „Küchenchefs" befreit. Ermöglicht wurde das durch Innovationen der Lebensmittelindustrie (Tiefkühl- und andere Convenience-Produkte) sowie in der Haushaltstechnik; durch Produkte und Services, die eine schnelle und unaufwendige Alltagsküche gewährleisten, die weniger Zeitaufwand und Know How erfordert. Damit hat ein neues Ernährungsmodell Einzug gehalten, das die familiären Spannungen reduzierte und flexibler und individueller auch auf persönliche Vorlieben und Abneigungen reagieren konnte, ohne die gemeinsame Verbundenheit ganz aufzuheben.

Was ist wichtig im Leben?

Es halten persönlich für ganz besonders wichtig:

Bevölkerung insgesamt | Singles insgesamt

71% | 71% | Gute Freunde, enge Beziehungen zu anderen Menschen
67% | 44% | Eine glückliche, harmonische Partnerschaft
65% | 48% | Für die Familie da sein, sich für die Familie einsetzen

QUELLE: NESTLÉ STUDIE 2009

Dieses Ernährungskonzept, das auf der Enthierarchisierung und Vereinfachung des Versorgungskochens basiert, macht den Weg nun frei für eine neue Leidenschaft für das Einkaufen und Kochen, lässt dem Bedürfnis nach kulinarischer Kreativität Raum zur Entfaltung und eröffnet dem gemeinsamen Genießen wieder längst verschlossen geglaubte Tore. Kochen ist in dem Maße auch für Frauen wieder chic geworden, als der dafür erforderliche zeitliche Einsatz im Alltag abgenommen hat, und es ist als Unisex-Hobby nicht mehr so klar auf Rollen fixiert: In Österreich ist der Anteil der zumindest ab und zu kochenden Männer innerhalb der letzten dreizehn Jahre von 47 auf 57 Prozent gestiegen GFK 2010.

Die neue Kochleidenschaft

Die Vorboten der neuen Kochleidenschaft haben sich schon lange abgezeichnet: Die boomende Zahl an Kochsendungen im Fernsehen, in deren Rezeption sich die Sehnsucht nach neuen sinnlichen Herausforderungen ebenso manifestiert wie in der Lektüre von Kochbüchern, die 2008 in Deutschland die umsatzstärksten Sachbücher waren. Aber auch im Versuch vieler Menschen wenigstens am Wochenende, nach Feierabend oder in den Ferien Kochen und Essen als gemeinsames, sinnliches Erlebnis zu zelebrieren und zu inszenieren. Die dabei gemachten Erfahrungen wirken mehr und mehr auch auf den Alltag zurück. Das heißt, auch das Kochen an normalen Wochentagen wird variabler und stärker anlass- und situationsgetrieben praktiziert: an einem Abend wird – weil sich Kinder, Freunde oder Arbeitskollegen um den Tisch versammeln und man das gemeinsame Essritual genießen möchte - aufwendiger und mit frischen Produkten gekocht, am nächsten Tag bloß die Tiefkühlpizza in die Mikrowelle geschoben.

Individualisierung, zunehmende berufliche Mobilität und Flexibilität, die Virtualisierung vieler Aspekte unserer Arbeit und Kommunikation lassen als Gegenreaktion die Nachfrage nach realen Bindungen sowie nach Beziehungsqualität steigen. Emanzipiert vom reinen Versorgungsakt eignet sich Kochen sehr gut dazu, diese Nachfrage zu befriedigen. Kochen ist kreativ, sinnlich, real und intensiviert unsere Beziehungen.

Die 4 Belohnungen des Kochens

1. Soziale Gratifikation (Kochen intensiviert Familienbeziehungen, Freundschaften und Kontakte)
2. Kreative und künstlerische Gratifikation (Kochen bringt Anerkennung, stärkt die Autonomie und das Selbstbewusstsein durch Beherrschung des Handwerks und der Technik)
3. Rekreative Gratifikation (Kochen bringt Entspannung und Abwechslung vom Arbeitsalltag)
4. Körperlich-seelische Gratifikation (Kochen fördert eine ausgewogene Ernährung, Genuss, Freude und Lebensqualität).

Die neue Kochleidenschaft führt auch zu einer weiteren Trendwende. In den letzten zwei Jahrzehnten ist sehr viel traditionelles Koch-Know How verloren gegangen, denn der Informationsfluss von Mutter auf Tochter, der dieses Wissen jahrhundertelang tradierte, wurde mehr und mehr unterbrochen. Zwar sind es noch 80 Prozent der Frauen in Deutschland, die von sich sagen, dass sie kochen, d. h. ein Gericht mit zwei Beilagen von überwiegend frischen Ausgangsprodukten ohne detaillierte Anleitung zubereiten können. Bei den unter Vierzigjährigen ist dazu jedoch nur mehr jede zweite Frau in der Lage GDI EUROPEAN FOOD TRENDS 2008. Das Kochen muss sich also neu erfinden.

Tatsächlich bieten insbesondere die neuen Medien – das Internet und Apps für iPhones, Smartphones und Google-Handys – immer mehr Tools an, um den Verlust an traditionellem Kochwissen zu kompensieren. Und dies schließt nicht nur Rezepturen ein, sondern auch die Fähigkeit, die Qualität von Ausgangsprodukten beurteilen zu können: Im Frühjahr 2010 finden sich weltweit rund 400.000 private Koch-Blogs im Netz, in denen Tipps verbreitet und Erfahrungen ausgetauscht werden und in denen sich niemand scheut, auch einfache Fragen zu stellen.

Die Website *www.foodista.com* bietet eine Wiki-Kochenzyklopädie, die jeder mitgestalten kann; *www.food52.com* war eine der ersten Seiten, wo Kochbücher basierend auf dem Prinzip des Crowdsourcing entstanden, also Rezeptsammlungen, an denen Leser und Leserinnen mitschreiben können. Darüber hinaus gibt es eine fast unendliche Anzahl professioneller Webpages und Handy-Applications von Profis wie Jamie Oliver sowie Innovationen wie den wasserdichten und spritzsicheren elektronischen Koch-Coach QooQ in Form eines modernen, handlichen Touchpads in Kochbuchgröße aus Frankreich. Er kann nicht nur die eigenen Rezepte verwalten, sondern bietet auch interaktive Kochanleitungen, Anfängervideos und bei Bedarf laufend Rezeptaktualisierungen, um den Einstieg für Kochanfänger zu erleichtern.

Gemeinsam statt einsam

Angebote wie diese sprechen natürlich in erster Linie ein jüngeres Publikum mit Affinität zum Kochen und Essen an; ein Publikum, das ein wachsendes Interesse an gemeinsamen kulinarischen Erfahrungen hat. Derzeit sind es mehr als 50 Prozent der unter Dreißigjährigen, die sich mehrmals im Monat mit Freunden zum Essen treffen. Tendenz stark steigend. Auch der Trend zu immer jüngeren Single-Haushalten tut dem keinen Abbruch. Gerade Singles sind an einer intensiven Einbindung in ein Netz enger sozialer Kontakte besonders interessiert und organisieren ihren Beziehungsalltag daher bewusster und zielgerichteter. Und dabei spielt das gemeinsame Essen eine wichtige Rolle.

Je individueller der Arbeitsalltag gerät, je flexibler wir unser Leben und unsere Beziehungen organisieren (müssen), desto mehr wollen wir dies durch gemeinschaftsbildende Erfahrungen kompensieren. Und produzieren damit ein soziales Paradox: Wir kehren zu den Anfängen der Menschheit zurück, erinnern uns daran, dass Kochen schon zu Beginn nicht nur eine Methode war, Lebensmittel zuzubereiten – sprich vom rohen in den gekochten Zustand zu transformieren – sondern vor allem ein Weg Gemeinschaft herzustellen.

Gemeinschaftserlebnis Essen

Es genießen Essen am meisten mit anderen zusammen

52% ausgeprägt | 36% eher

Es genießen alleine

4% ausgeprägt | 10% eher

Es treffen sich mehrmals im Monat mit Freunden zum Essen

39% aller Befragten | 54% der Unter-Dreißigjährigen

QUELLE: NESTLÉ STUDIE 2009

Kochen perfektionierte die Kraft des Feuers, indem es dessen sozialen Magnetismus mit der nährenden Funktion verband. Damit besitzt nicht nur das gemeinsame Essen, sondern auch das gemeinsame Kochen die magische Kraft, sozialen Zusammenhalt herzustellen. Es transformiert Einzelkämpfer in Teamarbeiter. Dies belegt nicht nur die Zunahme an privaten Koch-Events, sondern auch die noch immer wachsende Anzahl an Kochkursen; auch jener, bei denen nicht die Know How-Entwicklung im Vordergrund steht sondern Selbsterfahrung und Teambildung.

Heiss: Eine kurze Geschichte der Küche

Das Zentrum des menschlichen Zusammenlebens ist seit Urzeiten die Feuerstelle – sie ist bis heute „Brennpunkt" der Gemeinschaft und der Begegnung. Die ersten nachweisbaren Strukturen einer Küche wurden in Jericho gefunden, sie stammen aus der Zeit um 8.000 v. Chr. und waren im Prinzip kaum mehr als offene Feuerstellen, die sowohl dem Kochen als auch dem Heizen dienten. Erst Ende des Mittelalters wurde die bislang offene Feuerstelle häufig durch eine an drei Seiten ummauerte ersetzt und es dauerte bis 1735, bevor François de Cuvilliés d. Ä. für den Bayerischen König den ersten voll ummauerten Kochherd entwickelte – hochmodern mit einem Rauchfang und einer durchlöcherten Eisenplatte, auf der die Töpfe standen.

Waren Herde bis dahin immer gemauert, so kamen Mitte des 19. Jahrhunderts die ersten Herde aus Metall auf den Markt. Und auf der Weltausstellung 1893 in Chicago wurde der erste Elektroherd vorgestellt, allerdings dauerte es bis 1930, bis dieser sich – abhängig vom Ausbau eines effizienten Stromnetzes – allgemein verbreiten konnte.

Infolge der Industrialisierung wurde auch die Küche zunehmend technisch aufgerüstet und die mühsamen und personalaufwendigen Arbeitsschritte zumindest teilweise durch neue Geräte erleichtert. Damit nahm auch die Beschäftigung von Dienstpersonal deutlich ab, Koch- und Haushaltungsbücher widmen nun der Haushaltsführung ohne Dienstboten und dem Umgang mit Lohnkellnern für spezielle Anlässe besondere Kapitel.

Das kooperative Menü

Das grundlegende Bedürfnis nach Beziehungsqualität ist auch der Grund, warum Produkte, hinter denen identifizierbare Menschen stehen, also regional und handwerklich erzeugte Lebensmittel, zu den aktuellen und zukünftigen Marktgewinnern zählen, warum kleinere Familienrestaurants und Gaststätten mit individuellem Service, die nicht nur kulinarisches Genießen ermöglichen, sondern auch neue Gemeinschaftserfahrungen, Zusammengehörigkeitsgefühle und Identität, auf Kosten anonymer (Ketten-)Restaurants profitieren werden. Weil sie nicht nur unseren physiologischen Hunger zu stillen versprechen, sondern auch einen immateriellen Mehrwert: unseren Hunger nach Sinn zu stillen.

„In einer Gesellschaft, die von einer hohen Dynamik geprägt ist und in der es immer weniger Konstanten gibt", so Eike Wenzel, „wird die Sinnsuche mit Vorliebe in die unmittelbare Nähe des Lebens, Erlebens und Genießens gerückt." WENZEL 2009 Da Genießen aber kein passiver, kein bloß konsumistischer Akt ist, sondern aktive Selbsttätigkeit erfordert, suchen wir vermehrt nach Produkten und Dienstleistungen bei denen nicht der Akt der Konsumation im Vordergrund steht, sondern die uns Erfahrungen machen lassen, die Menschen in

Die durch die Industrialisierung veränderte Situation in der Arbeiterbevölkerung brachte aber auch große Veränderungen der Rolle der Küche mit sich. Während lange Zeit die Küche zentraler sozialer Raum einer Wohnung war, trat bedingt durch die Errichtung von Arbeitersiedlungen und dem finanziellen Zwang, auch als Frau einer bezahlten Arbeit nachzugehen, die Notwendigkeit zur schnellen Zubereitung von Nahrung in den Vordergrund. Diese Herauslösung der Frau aus der Küchenarbeit führte bis hin zu Konzepten wie dem der Frauenrechtlerin Lily Braun aus dem Jahre 1901, nach dem alle Mietparteien eines Mehrfamilienhauses die Essenzubereitung einer Zentralküche des Hauses überlassen sollten. Ab etwa 1907 wurden einige Häuser mit Zentralküchen gebaut, jedoch war die Idee der gemeinsamen Küche nicht erfolgreich, so dass sie schon bald wieder verschwand. Trotz solcher missglückter Versuche wurden die Optimierungsbestrebungen in der Architektur vorangetrieben. So gab es auch in den Musterhäusern des Bauhaus Küchenkonzepte, die sich in das Gesamtkonzept der Gebäude eingliederten.
Eine der bekanntesten Küchenoptimierungen ist die Frankfurter Küche der Wiener Architektin Margarete Schütte Lihotzky von 1926, die nach der Methode Taylors die Arbeitsschritte in der Küche analysierte und durch optimierte Anordnung von Küchenmöbeln und Kochzubehör die Küchenarbeit erleichtern sollte. Das Küchenkonzept wurde in großem Rahmen im Wohnungsbauprogramm Neues Frankfurt realisiert und erhielt daher seinen

ihrer konkreten Lebenssituation unterstützen und die die knappe Lebenszeit sinnvoll auszufüllen helfen, die den Einzelnen und die Gesellschaft weiterbringen.

Auch der durch die Wirtschaftskrise geschärfte Blick ins Portemonnaie unterstützt die neue Kochleidenschaft: Statt in guten, aber teuren Restaurants trifft man sich wieder vermehrt beim gemeinsamen Essen zu Hause. Einladung und Gegeneinladung – noch vor nicht allzu langer Zeit als spießiges Ritual abgetan – erfreuen sich neuer Beliebtheit. Und beim Weihnachts- oder Ostermenü setzt man mitunter auf völlig neue Kooperationsformen wie das Nachbarschaftskochen: So lässt sich, wie unser Eingangsbeispiel mit Susanne L. zeigt, Zeit und Geld sparen ohne beim Essen und Trinken auf Vielfalt und Qualität verzichten zu müssen. Das Zelebrieren des Essens wird sich in Zukunft nicht allein auf besondere Anlässe beschränken, sondern rückt – natürlich weniger aufwendig - mehr und mehr in den Alltag, um dem ständigen *snacken* und *grazen* wieder einen Essrhythmus entgegenzustellen, der es erleichtert gesünder und mit Bedacht auf Qualität zu essen.

Finanzielle und kulinarische Überlegungen sowie die neue Lust am Kochen begünstigen auch des Comback des Henkelmanns, der bis in die fünfziger und sechziger Jahre insbesondere bei Arbeitern und

Namen. Allgemein durchgesetzt haben sich die darauf basierenden System- und Normküchen jedoch erst im Zuge des nach Ende des Zweiten Weltkriegs notwendigen massiven Wohnungsneubaus. Erst die große Verbreitung derartiger Küchen ermöglichte die Massenproduktion der entsprechenden Elektro- und Einbaugeräte.

Bis heute prägt dieses meist in relativ kleinen, abgeschlossenen Räumen umgesetzte und für eine Person konzipierte Küchenmodell die zeitgenössischen europäischen Wohnungen, in denen Kochen vom übrigen sozialen Leben, von der Kommunikation mit der Familie weitgehend abgeschottet ist. In den 1980er Jahren setzte die Kritik an diesen fabriksähnlich aufgebauten Funktionsräumen ein, versuchten Designer wie Otl Aicher das „Diktat der Einbauküche" zu durchbrechen und Küchen zu gestalten, die die Wieder-Überwindung der Trennung von Wohnen und Kochen einleiteten. Aichers Buch *Die Küche zum Kochen. Werkstatt einer neuen Lebenskultur* 1982 war bahnbrechend für den Trend zur offenen Living Kitchen, in der Kochen und Essen wieder zum gemeinsamen sinnlichen Erlebnis werden können, „in denen man vernünftig und mit Lust kochen kann."

Neue Küchentechniken wie Dunstabzugshauben, leise arbeitende Spülmaschinen und wärmereduzierende Induktionsherde erlauben eine Rückkehr zur Verbindung von Wohnraum und Küche. Nicht nur Familienwohnungen, in denen die Gemeinsamkeit im Vordergrund steht, auch kleine Single-Wohnungen, in denen optimale Raumnutzung ein wichtiges Kriterium ist, ver-

Beamten weit verbreitet war und in Ang Lee's Film *Eat Drink Man Woman* Mitte der Neunzigerjahre wieder zu kulinarischen Ehren gekommen ist.

Wenn zu Hause wieder vermehrt und mit wachsender Qualität gekocht wird, sind Lunchboxen und Thermoskannen, befüllt mit selbstgekochten Menükomponenten, für viele eine durchaus attraktive, ökonomisch und kulinarisch sinnvolle Alternative zum Lunch in Betriebskantinen, Fast-Food-Einerlei oder teurem Mittagessen in Restaurants. Das belegen auch die deutlich steigenden Verkaufszahlen von modernen Henkelmännern. Allein der englische Einzelhändler Robert Dyas verkaufte im Jahr 2008 Lunchboxen im Wert von 650.000 Euro. Auch traditionelle Techniken wie „Kochkisten" (wärmeisolierend ausgekleidete Behältnisse, in die Töpfe mit erhitzten Speisen eingestellt werden können, damit diese dann ohne weitere Energiezufuhr, über einen Zeitraum von Stunden, fertig garen) erleben daher – auch dank der Solartechnik – eine nicht nur nostalgische Renaissance.

Für ein aussergewöhnlicheres Essen zu Hause bieten sich zudem Rent a Cook-Agenturen an, die nicht nur die Menükonzeption, Weinfolge und den Tischschmuck den jeweiligen Wünschen anpas-

binden Koch- und Wohnraum wieder miteinander und lassen die „Feuerstelle" wieder zum häuslichen Zentrum werden, in dem sich das Kochen als gemeinsames Ritual wieder neu erfinden lässt.

Auch für Kochanfänger: Die Augmented Reality Kitchen („Erweiterte Realitätsküche"), entwickelt 2005 im MIT Media Labor in Cambridge, bietet beispielsweise kurz und knapp gehaltene, präzise Rezeptabläufe mit Zeit und Temperaturangaben direkt in der Arbeitsoberfläche und überwacht dabei den Kochablauf. Eine Kamera screent den Inhalt des Kühlschranks und gibt jederzeit bei Bedarf, also auch von unterwegs übers Handy, den Blick in den Kühlschrank frei. Um Verbrühungen zu vermeiden wird die Temperaturwahrnehmung des Wasser durch entsprechende Beleuchtungselemente unterstützt: rotes Wasser heißt „Achtung heiß", blau hingegen kalt.

In den Labors der Technologie-Entwickler wird weiter eifrig an utopischen Gerätschaften getüftelt: vom Dishmaker, der zu Hause täglich die Anzahl an recyclebaren Wegwerf-Tellern produzieren kann, die man gerade braucht, bis zum Smart Spoon, dem High-Tech-Löffel, der analysiert, was mit ihm gerührt wird, Kochtipps gibt und Rezepte speichert. Küchenarmaturen sollen uns in Zukunft auf den Härtegrad des Wassers und Lebensmittelverpackungen mittels Farbveränderungen auf das jeweilige Ablaufdatum hinweisen. Der computergesteuerte Kühlschrank soll Nachbestellungen verbrauchter Lebensmittel automatisch online veranlassen und dabei in Amazon-Manier auf unsere Konsumgewohnheiten Rücksicht nehmen.

FOOD CHANGE – 7 LEITIDEEN FÜR EINE NEUE ESSKULTUR

sen, sondern die Performance mit einer entsprechenden Putzaktion abrunden. Die Nachfrage nach ambulanten Kocheinsätzen professioneller Herdvirtuosen ist zuletzt deutlich gestiegen. Nicht alle Profiköche sind für solche Nebenbeschäftigungen zu begeistern, aber immer mehr sehen darin ein unverzichtbares Service für Stammgäste.

Der Koch kommt ins Haus

Nicht selten sind auch die Grenzen zwischen Rent a Cook, Eventagentur und Kochschule fließend. Viele Köche, die auch Kochkurse im Angebot haben, bieten Kombinationen an, bei denen Gäste und Gastgeber in der Küche selbst Hand anlegen dürfen. So zeigt etwa eine Hamburger Agentur, „wie Sie ihren Chef zum kochen bringen". Starkoch Hubert Wallner, der seit Mai 2009 im Designhotel Aena am Wörthersee den Kochlöffel schwingt, führt im privaten Kreis auch gerne einmal in die Kunst der Molekularküche ein, Florian Cmyral vom Salut in Wien wiederum in die Geheimnisse der französischen Küche. Heinz Hanner bietet in seinen Kochstudio in Mayerling eine lustvolle Auseinandersetzung mit zukunftsweisenden Kochtechniken als probates Mittel für Team-Building, Businesscooking und Relaxing an. Alternativ kann man sich aber auch gleich das gesamte Studio für eine ganz private Koch-Session mieten.
Stichwort heimelige Atmosphäre: im burgenländischen Restaurant Taubenkobel gibt es vielfältige Möglichkeiten von den verzweigten familiären und hochkulinarischen Banden der Betreiber kochtechnisch zu profitieren. Entweder man schaut Küchenchef Walter Eselböck (4 Hauben Gault Millau, 2 Sterne Guide Michelin) beim Zubereiten eines sechsgängigen Menüs über die Schulter oder bucht ihn gemeinsam mit Schwiegersohn Alain Weissgerber (2 Hauben

Was davon sich tatsächlich durchsetzen wird, steht in den Sternen. Die am meisten beachtete aktuelle Design-Innovation im Küchen-Sektor weist jedenfalls in eine ganz andere Richtung: Die vom österreichischen Team EOOS für Bulthaup entworfene Küche b2, die alle wesentlichen Funktionen in drei Elementen konzentriert (Küchenwerkbank mit Arbeitsbereich, Feuer- und Wasserstelle sowie zwei ergänzende Werkschränke, in denen nur die essenziellen Küchengeräte, Geschirr, Werkzeuge und Zutaten übersichtlich angeordnet sind), orientiert sich an der klassischen Werkstatt – und ist damit auch eine subtile Einladung an die Männer. Von ihnen könnte die größte Revolution in der Geschichte der Küche ausgehen: Das Kochen, das seit Erfindung des Feuers eine weibliche Domäne war, auch im Alltag zu übernehmen.

Gault Millau und 1 Stern Guide Michelin) für einen Kochkurs und genießt danach die gemeinsam kreierten Gerichte an einer großen Tafel mit Weinbegleitung aus dem ebenfalls zur Familie gehörenden Gut Oggau.

Mike Johann von der Essensmanufaktur Johann's in Bruck an der Mur bietet seine Kochdienste auch bei Vorstandssitzungen verschiedener Unternehmen an. „Wir sind in einer Industriegegend", sagt Johann, „deshalb ist das für uns eine echtes Zukunftsgeschäft". Unter dem Motto „Kochen lassen, kochen lernen" vereint Johann in seiner kleinen Essensmanufaktur beides: Top-Kulinarik in intimer Atmosphäre, die das gemeinschaftliche Essen ins Zentrum rückt und Know How-Vermittlung, die die Gäste dann auch zu Hause produktiv machen können.

Der starken Nachfrage wegen haben einige Profiköche inzwischen fast gänzlich auf dieses Business umgesattelt. Sie kochen entweder in einem halbprivaten Rahmen, einer Art „Wohnzimmer" oder zu Hause beim Auftraggeber. Wenn es gewünscht wird, kann man davor auch gemeinsam einkaufen gehen. So wird das Einkaufen, Kochen und Essen ein Gesamterlebnis – und das alles unter der Anleitung eines erfahrenen Profis.

Corporate Cooking

Natürlich geht es am Arbeitsplatz, in kleinen Unternehmen ohne Firmenkantine, auch ohne eingekauften Profikoch. Vorausgesetzt die Büroküche lässt räumlich etwas mehr zu als Teeblätter aufzubrühen oder Kapseln in kleine Kaffeemaschinen zu füllen, bewährt sich auch firmeninternes Koch-Sharing: Kochfreudige Mitarbeiter und Mitarbeiterinnen werden im Turnus für den Einkauf und die Zubereitung eines gemeinsamen, convenience-basierten Mittagessens im Büro freigestellt. Das kommt nicht nur billiger als auswärts Essen, sondern stärkt auch den sozialen Zusammenhalt im Büro und die Corporate Identity. Und für mehr Abwechslung und Ausgewogenheit sorgt ein solches, von wechselnden Köchen und Köchinnen zubereitetes Mittagessen außerdem. Wie bei privaten Partys die Küche meist zum kommunikativen Zentrum wird, kann sie auch zum Herz eines Unternehmens werden, zu einem neuen Typ firmeninterner Kommunikationszentrale, zu einem Ort für Begegnungen, zu einem Denk- und Arbeitsraum wie ihn das Münchner Marketing-, Design- und Kommunikationsunternehmen KMS-Team in einer ehemaligen Werkhalle eingerichtet hat: Eine Küche mit einer acht Meter langen Kochinsel und mit Tischen, an denen die Mitarbeiter sich unverkrampft zusammenfinden.

Professionell organisiertes Corporate Cooking hält auch Einzug in Change-Mangement-Seminare sowie in Kursen zur Optimierung des Customer Relationship Managements. Die Küche ist ein idealer Ort für Team-Building-Veranstaltungen, denn sie ist ein Mikrokosmos der Arbeitswelt: Man arbeitet mit einer Deadline, muss mit beschränkten Ressourcen auskommen und Teamwork wird groß geschrieben. Zudem geht es beim Kochen nicht um Gewinner und Verlierer oder um Hierarchien. Gemeinsames Kochen ist ein guter Weg, das Eis zwischen Mitarbeitern zu brechen und diese besser kennen zu lernen.

Beim Corporate Cooking sind die Produkte und der Arbeitsprozess noch real, Ergebnisse sinnlich erfahrbar. Dadurch schafft es einen wertvollen Gegenpol zur komplexen und digitalisierten Arbeitsrealität, stellt ein kraftvolles Tool bei der Begleitung von Change Management dar, verleiht Team-Building-Prozessen eine gewisse Würze oder sorgt einfach nur für Spaß am Kochen.

Natürlich lässt sich das Bedürfnis nach gemeinsamem Genuss und neuer Beziehungsqualität nicht von heute auf morgen widerspruchslos umsetzen. Nach wie vor macht die Zeitnot viele zu „verhinderten Köchen". 56 Prozent der Berufstätigen schaffen es teilweise nur an Wochenenden, sich so zu ernähren, wie sie es eigentlich wünschen und für vernünftig halten NESTLÉ STUDIE 2009.

Auf der Suche nach einer befriedigenden Antwort für die Herausforderung, auch bei Zeitknappheit eine gute Ernährung sicherzustellen, können aber auch neue gastronomische Innovationen helfen: Wirtshäuser und Kantinen, die ihr Angebot darauf abstimmen, dass Menschen wieder vermehrt die drei Mahlzeiten einhalten und sich gut, gesund und in einem kommunikativen Ambiente ernähren wollen, die einen „Ersatz" für das nicht immer mögliche alltägliche Kochen und Essen zu Hause bieten, werden daher zu den Gewinnern der sich im Umbruch befindenden Gastrolandschaft zählen.

Matres statt Maîtres

Die neue Qualitätsorientierung beim Essen bedeutet auch, dass die Menschen, die „hinter" dem Essen stehen, weiter ins Zentrum der Aufmerksamkeit rücken. Sie werden genauso wichtig wie das Essen selbst. Das gilt für (regionale) Produzenten ebenso wie für Köche und Wirte, die in die verantwortungsvolle Rolle der klassischen Hausfrau schlüpfen, die nicht nur auf die Sättigung der Familie achtet, sondern auch auf die Gesundheit und das psychische Wohlergehen. In Paris gelten die kleinen, vornehmlich von Frauen geführten Bistrots, in denen man sich wie zu Hause in Mamas Küche fühlen soll, seit einigen Jahren als erfolgreiche Antwort auf den Trend, das Essen wieder als Gemeinschaftsritual zu zelebrieren. Sie geben ihren Gästen das Gefühl, dass sie allseitig umsorgt werden und in eine Gemeinschaft eingebunden sind.

Auch der französische Restaurant-Papst Christian Millau stellte überrascht fest, dass solche traditionellen Orte zu neuem Leben erwachen. „Diese Bistrots", so Millau, „funktionieren, weil sie ein einfaches, naives Bedürfnis zu befriedigen versprechen: dass die Wirtin ehrlich ist, selbst einkaufen geht und ohne die Arroganz ihrer männlichen Kollegen kocht, weil sie das Hausfrauen- und Mutter-Konzept ins Restaurant übertragen und die Gäste oft wie Familienmitglieder behandelt werden." THE BOSTON GLOBE, MARCH 8, 2009.

Das Essen ist gut und die Stimmung entspannt. Man kann die Sorgen des Berufsalltags vergessen und sich kulinarisch umsorgt fühlen. Wer sich nicht ordentlich benimmt, wird auch mal zurechtgewiesen. „Familienmitglieder" müssen – wie zu Hause – die jeweiligen Tischsitten einhalten. Und auch was täglich frisch auf den Tisch kommt, bestimmt die gastrosophische Ersatzmutter. Dafür gibt es eine nicht weniger nahrhafte Zusatzleistung gratis: Familienatmosphäre und menschliche Wärme.

Supper Clubs & Co

Die wachsende Bedeutung des kommunikativen Aspekts des Essens belegen auch zahlreiche andere professionelle und halbprofessionelle Restaurant-Trends und -Innovationen, von den anglo-amerikanischen Supper Clubs und den kleinen und feinen Dining Rooms (mit einer Gästekapazität bis maximal 15 Personen) über Restaurant-Sharing-Konzepte, bei denen sich zu bestimmten Tagen professionelle und Hobbyköche in der Küche abwechseln, bis zum Boom sogenannter Community-Tables, an denen die Restaurant-Besucher gemeinsam wie an einem großen Familientisch sitzen und nicht selten ein Gericht oder Menü teilen, ins Reden kommen und neue Bekanntschaften schließen. Oder Underground-Restaurants, eine Mischung aus Restaurant und privater Dinner Party, die man nur auf Einladung besuchen kann: Man is(s)t in einer fremden Wohnung und wird gegen einen bestimmten Preis bekocht. „Essen gehen und sich doch wie zu Hause zu fühlen" lautet das Motto dieser Konzepte und Ideen, die an die „mit Liebe gekochte" familiäre Sonntagsmahlzeit erinnern, das individuelle Service mit „mütterlicher" Fürsorge aber in den erweiterten Alltag jenseits der traditionellen Familie zu integrieren versuchen.

Entscheidend für die Zukunft ist, dass sich die Formen der Gemeinsamkeit ändern mögen, nicht aber das Bedürfnis nach Gemeinsamkeit selbst. Und weil die Herstellung von Gemeinsamkeit eine der zentralen, wenn nicht sogar die zentrale Eigenschaft des „Systems Essen" ist, wird es in Zukunft auch verstärkt zur Befriedigung ebendieses Bedürfnisses herangezogen werden – wenn wir Gemeinsamkeit suchen, essen wir bzw. gehen wir essen, ob als Liebespaar beim Candle-Light-Dinner oder als Geschäftspartner beim Business Lunch, ob als Kinder in der Schulküche oder als Senioren in der gemeinsame Küche der Senioren-WG.

Food Change: Zukunftsmenü 3

In Zukunft werden wir nicht weniger gemeinsam essen, aber wir werden unser Essen ganz anders gemeinsam genießen. Einige Kostproben:

Konsumenten ...

... suchen wieder verstärkt nach Gemeinsamkeit beim Essen
... erwarten an ihrem Arbeitsplatz, in der Schule ihrer Kinder sowie im Shoppingcenter Angebote, die das gemeinsame Kochen und Essen unterstützen
... entwickeln und akzeptieren neue Formen des gemeinsamen Mahls: Vom Meal Sharing bis zum Corporate Cooking
... entwickeln eine neue Leidenschaft für das Kochen als sinn- und gemeinschaftsstiftende Tätigkeit
... greifen vermehrt auf Websites zu, die Kochanleitungen, Rezepte und Tipps für gesunde Zubereitungstechniken vermitteln
... finden sich zu virtuellen Kochgemeinschaften in unzähligen Food Blogs zusammen
... suchen aber auch in der realen Welt nach Orten (ob in Gasthäusern oder Kochshops), die „Familienatmosphäre" ausstrahlen
... sind bereit für das Erlebnis von Gemeinsamkeit beim Essen mehr zu bezahlen

Produzenten und Handelsunternehmen ...

... bieten Rundum-Service für abwechslungsreiche Menülösungen mit gewaschenen und vorgeschnittenen Ausgangsprodukten samt professioneller Schritt-für-Schritt-Kochanleitung für Gerichte an, die zu Hause auch von Kochlaien im Nu zubereitet werden können
... sprechen gezielt Männer an, die auch jenseits von Grill-Partys vermehrt im Alltag kochen
... richten in großen Supermärkten Schauküchen ein, in denen einfache Gerichte mit saisonalen Produkten zubereitet werden, die auch als Take Away mit nach Hause genommen werden können

Gastronomen ...

... sorgen mit speziellen Menüangeboten, die das Hausfrauen- und
Mutter-Konzept ins Restaurant übertragen dafür, dass sich auch
Singles ausgewogen und gesund ernähren können

... besetzen auch Nischen in der Gastrolandschaft, die den
Verlust des Familientischs kompensieren („Dining Rooms",
„Wohnzimmerrestaurants")

... stellen neue Anforderungen an das Personal, um den kommunikativen
Bedürfnissen der Gäste mehr entgegen zu kommen

... stellen sich und ihre Mitarbeiter auch für ambulante Kocheinsätze
in Privatwohnungen zur Verfügung

Unternehmen, Schulen und Ämter ...

... sehen ihr kulinarisches Angebot als eigene Visitenkarte und als
Chance das Betriebsklima zu verbessern

... bieten ihren Mitarbeiterinnen, Kunden und Klienten offene
Kantinen, in denen Berufstätige ihre Familien zum gemeinsamen
Mittagstisch versammeln können

... legen Wert auf die sensorische und ernährungsphysiologische
Qualität des Kantinenangebots

... bauen Teeküchen zu firmeninternen Kommunikationszentralen
um, in denen auch gemeinsam gekocht und gegessen werden kann

Natürlich gesund

**In Zukunft werden gesundes Essen
und genussvolles Essen dasselbe sein.**

Kind: „Was ist das?"
Mutter: „Probier einfach mal …"
Kind: „Das schmeckt furchtbar."
Mutter: „Komm, das ist total gesund …!"
Kind: „Ja, eben …"

Alain Passard war um die Jahrtausendwende am Höhepunkt seiner Karriere. Der Haubenkoch und Besitzer des L'Arpège in Paris war mit drei Michelin-Sternen dekoriert, die Leute kamen aus aller Welt an die Seine und standen Schlange, um in seinem Restaurant einen Tisch zu bekommen. Und die besten Nachwuchsköche des Planeten arbeiteten gratis bei ihm, nur um seinen Namen in ihrem Lebenslauf zu haben.

Genau in diesem Moment gab Passard den (Koch)Löffel ab – und hörte auf zu kochen! Fast ein ganzes Jahr lang hielt er sich vom Herd fern, rührte keinen Topf, keine Pfanne, keine Casserolle mehr an und betrat sein Restaurant nur noch als Gast. Es war ein persönlicher Zusammenbruch. Aber was folgte war noch viel mehr – es war der Zusammenbruch seiner kulinarischen Welt.

Denn als Passard wieder an den Herd zurückkehrte, verkündete er das Ende der fleischverarbeitenden Kochkunst – und verbannte (fast) alle Formen von Fleisch und Innereien aus seiner Küche. Seither gibt es im L'Arpège eine Gemüseküche wie sie die Welt und die Pariser Gourmetszene noch nicht gesehen hat: raffiniert, gesund und genussvoll; eine Wohltat für den Körper und zugleich eine kulinarische Offenbarung. Das Publikum isst bei Alain Passard ganz offensichtlich auch ohne Fleisch ausgezeichnet – was man mit drei Michelin-Sternen, die auch jetzt noch über seine Küche strahlen, absolut wörtlich nehmen kann.

Die Zukunft isst vegetarisch

Der zum Gemüsekoch konvertierte Maître de Cuisine lässt auch keinen Zweifel daran, dass sein Umstieg nur ein Teil des Einstiegs der Weltbevölkerung in das vegetarische Zeitalter ist. Für ihn findet gerade ein „Machtwechsel in der Küche statt: vom Fleisch zum Gemüse." Im L'Arpège ist es nicht mehr bloß Staffage sondern der gefeierte Hauptdarsteller jedes Menüganges. Passard baut seine Kräuter und mittlerweile an die 400 Sorten Gemüse in drei Großgärten selbst an und versucht im steten Dialog mit Biologen und erfahrenen Gärtnern seine

Rohstoffe zu perfektionieren, um daraus vegetabile Kreationen zu schaffen, die auch absolut verwöhnte Gaumen entzücken.

„Farben, Formen, Düfte und Aromen, all das macht das Gemüse viel kreativer als Tiergewebe", ist der Küchenrevolutionär überzeugt. Kreationen wie die mit Birnenalkohol flambierte Zwiebel in Haselnusspralinee-Fondue sind mittlerweile legendär und haben der Gastronomie die Tür zu einem weiten, auch heute noch längst nicht gänzlich erschlossenem Feld geöffnet. „Auch wenn man nie davon spricht", glaubt der Pionier der vegetabilen Küchenrevolution, „ich bin sicher, dass auch die Farbe für das Gaumenerlebnis eine ausschlaggebende Rolle spielt." Also zählt nunmehr auch die richtige Farbkombination zum unverzichtbaren Küchen-Know How: „Das Herzstück des Kohls", erläutert Passard, „ist gelb, deshalb versuche ich keine Zutaten zu verwenden, die das Gelb trüben. Ich nehme weiße Gurken, weiße Karotten oder weiße Rüben und für die Soße verwende ich Parmesan, Orléans-Senf und ähnliches." ZIT. NACH GUIMARÃES 2006.

Wer glaubt, dass Alain Passard ein Einzelgänger ist, unterschätzt die Wucht, mit der die vegetabile Welle in den kommenden Jahren durch die Küchen dieser Welt rollen wird. Das riesige kulinarische Potential der Gemüse, Kräuter, Pilze und Blumen ist längst nicht mehr auf die Spitzengastronomie oder exotische Außenseiter begrenzt; immer mehr Köche entdecken die geschmackliche Vielfalt von Gemüse und integrieren sie als gleichberechtigte Elemente neben Fisch, Geflügel und Fleisch. Auch in Österreich und Deutschland machen Gemüseköche zunehmend Furore. Auch unterhalb der Starkoch-Ebene beginnt – vor allem in der Regie junger Chefs – ein schleichender Machtwechsel in der Küche, selbst dort wo keine radikalen Tierschützer, Hardline-Vegetarier oder Diät-Aposteln hinterm Herd stehen. Und was in der Gastronomie beginnt, findet mit etwas Verzögerung immer auch Eingang in die privaten Haushalte.

Fleisch ist aus

Noch bis weit in die siebziger Jahre hinein waren Vegetarier Randfiguren. Von der omnivoren Mehrheit wurden sie irgendwo zwischen dem Infantilismus der Hippies und dem Wahn religiöser Eiferer angesiedelt. Als Latzhosenträger waren sie meist bemitleidenswert schlecht angezogen und in einer Art kulinarischem Koma gefangen aßen sie braune Nudeln mit grauen Saucen oder graue Kornlaibchen mit braunen Saucen. Über Generationen hinweg galt die Regel, dass die, die sich besonders gesund ernährten, besonders ungesund aussahen.

Dieses Bild ist heute weitgehend verblasst. Es ist bloß noch ein Echo, ein Ton, der abnimmt, weil abzusehen ist, dass das Zeitalter des Fleisches vorbei ist, das so lange den Mittelpunkt der mitteleuropäischen Küche bildete. Zwar hat die vegetabile Küchenwelle die Alltagsgastronomie noch nicht voll erreicht und auch in vielen Gourmettempeln fristet Gemüse nach wie vor den Beilagen- und Deko-Status. Allzu oft noch ist das, was wir – im Restaurant wie zu Hause – an Gemüsegerichten, als Hauptbestandteil oder Beilage, serviert bekommen, noch nicht dazu angetan, kulinarische Begeisterungsstürme auszulösen.

Das ist hierzulande vor allem der mittel- und nordeuropäischen Tradition geschuldet, in der, anders als in den mediterranen Küchen, vegetabile Rezepturen – in der Tradition der Arme-Leute-Küche – keine kulinarisch überzeugende Rollen spielten; aber auch mangelndem Know How und vor allem der immer noch geringen Wertschätzung der auf den Feldern und in Gärten wachsenden Produkte.

Jahrhunderte lang war Fleisch für den Großteil der Bevölkerung ein rares und teures Gut und genoss daher den Status des Besonderen und Exklusiven. Feiertage und Festessen waren mit Fleisch verbunden und es war und ist vielfach heute noch undenkbar, dass eine große Einladung ohne Fleischgericht stattfindet. Kaiser Franz Josef genoss jeden Sonntag seinen geliebten Tafelspitz und Tausendschaften von Großbürgern und k.u.k. Beamten taten es ihm im Habsburgerreich nach – was übrigens aufs vorzüglichste bei Joseph Roth im *Radetzkymarsch* nachzulesen ist.

„Please", so flehte auch Hubert Keller, der gemüseaffine Küchenchef des renommierten Restaurants Fleur de Lys in San Francisco noch in den achtziger Jahren eine Gourmetkritikerin an, die über ein Gericht mit Hülsenfrüchten ins Schwärmen geriet, „please don't call hauts legumes health food!" ZIT. NACH O'NEILL 1992 Die Leute würden schlecht über sein Restaurant denken, wenn sie das Wort „gesundes Essen" hören. Heute ist ein gastrokritischer Hinweis auf eine leichte, gesunde Küche für ein Restaurant kein Todesstoß mehr. Dass ein – wie auch immer raffiniert zubereitetes – vegetabiles Gericht jedoch gleich viel oder mitunter sogar mehr kostet als eine Fleischspeise, das wollen viele Konsumenten allerdings noch nicht akzeptieren, auch wenn die Preise für frisches Gemüse – wie man sich bei einem Lokalaugenschein auf gut sortieren Märkten leicht überzeugen kann – vor allem außerhalb der Saison mitunter deutlich höher liegen als die von industriell erzeugtem Geflügel oder Schweinefleisch. Das liegt aber nicht daran, dass Gemüse zu teuer, sondern Fleisch zu billig ist, dass Agrarsubventionen sowie Standardisierung und Industrialisierung der Produktion (einschließlich ethisch kaum noch zu rechtfertigender Massentierhaltung und schwerer ökologischer Belastungen) keine Preiswahrheit zulassen.

„Die" Gesundheit, nicht „der" Gesundheit

Als die Generali Versicherung Mitte der neunziger Jahre eine Anzeige schaltete, in der unter der Überschrift „Österreichs gefährlichste Tierart" ein Schwein abgebildet war, kam Lob von allen Seiten. Vor allem von Ernährungswissenschaftern und Medizinern, für die der übermäßige Fleischkonsum für eine Vielzahl an sogenannten „Zivilisationskrankheiten" mit verantwortlich ist. Nicht einmal eine Generation später sieht es aus, als ob dieses Wissen allgemein geworden ist und eine überwiegend vegetabil ausgerichtete Ernährung tatsächlich mehrheitsfähig werden würde:
18 Prozent der amerikanischen College Studenten bezeichnen sich mittlerweile als Vegetarier, 60 Prozent (!) sagen, dass sie Fleisch nur noch drei Mal pro Woche oder weniger verzehren. Es ist die Elite von morgen, die das sagt und sie wird dieses Morgen wohl verstärkt vegetarisch definieren. In Europa sieht es ähnlich aus. Der typische Vegetarier ist heute überdurchschnittlich gut gebildet, lebt in der Stadt, ist doppelt so vermögend wie der Durchschnitt – und er ist eine Frau.
Tatsächlich scheint neben dem kulinarischen Momentum vor allem die emanzipatorische Bewegung der Frauen die vegetabile Revolution zu befördern. Denn Fleisch ist Männersache – oder soziologisch präziser formuliert: vor allem eine Sache unterdurchschnittlich gebildeter und verdienender Männer. Die Zukunft der Ernährung jedoch wird weiblich sein.
Genauso aber wie die weiblich konnotierten Soft Skills sich im Management und vielen Unternehmensführungen mehr und mehr durchsetzen, schleicht sich still und heimlich auch der weibliche Geschmack und die Vorliebe für Pflanzenkost in die immer noch männlich dominierten Chefetagen. Rolf Hitl, Besitzer des traditionsreichen Vegi-Restaurants im Zürcher Banken- und Finanzdistrikt, kann diesen Trend bestätigen: „Zu uns kommen 40 Prozent Männer." Auch wenn nicht all die jungen Broker und Banker, die sein erst jüngst erweitertes Lokal frequentieren, Vegetarier sind, so legen sie doch mehr und mehr Wert auf gesunde Ernährung und geschmackliche Qualität.
Dass die Zukunft der Ernährung weiblich sein wird, liegt vor allem daran, dass Frauen in unserer Gesellschaft häufig die Rolle des familiären bzw. partnerschaftlichen „Gesundheitsmanagers" einnehmen. Während für Männer das Essen eher mit Sättigung, Brennstoffzu-

fuhr, Menge und Status zu tun hat, sind Frauen traditionell emotionaler an das Thema Essen gebunden. Essstörungen sind eine weibliche Domäne, Diäten ebenfalls. Und nach wie vor fühlen sich Frauen für die Gesundheit der Familie verantwortlich – insbesondere der Kinder. Das führt nicht zuletzt auch zu einer etwas anderen Sicht auf das Thema Ernährung, und diese beginnt die dominante Perspektive zu werden.

Denn „Gesundheit" ist eines der großen Zukunftsthemen schlechthin: In einer Gesellschaft, die immer älter wird und Gesundheit als steuerbare Glücksressource begreift, schraubt sich der Stellenwert des Themas quasi stündlich nach oben – und ein Ende ist nicht abzusehen.

Gesundheit wird heute nicht mehr bloß mit Abwesenheit von Krankheit definiert, auch nicht mehr als passives Wohlergehen. „Gesundheit wird mehr denn je als ein permanenter Prozess und eine Lifestyle-Investition angesehen, die man selbst in die Hand nimmt und die eine neue Form der Lebensqualität beschreibt." WENZEL 2009, S.86

Entsprechend nimmt der bewusste, pflegende und gesundheitsförderliche Umgang mit dem Körper in weiten Teilen der Bevölkerung zu. In den letzten Jahrzehnten ist der Anteil der Menschen, der ausgeprägt gesundheitsbewusst lebt, weltweit in allen Altersgruppen gewachsen. In einer Studie von GfK Roper Consulting Anfang 2008 bewerteten 83 Prozent der Befragten den Satz „Ich bemühe mich, körperlich und geistig fit zu sein" als „wichtig" bis „besonders wichtig". Je rasanter die Deregulierung in Lebens- und Arbeitswelten voranschreitet, je stressiger das „Multi-Tasking des Lebens" für die Betroffenen wird, desto stärker entwickelt sich die Suche vieler Menschen nach einer Balance zwischen Körper, Seele, Geist, Beruf, Familie und individueller Entfaltung.

Stellenwert der Gesundheit in Europa

„Mich um meine eigene Gesundheit zu kümmern finde ich wichtig."

95%	Deutschland	Zustimmung in Prozent
92%	Spanien	
90%	Niederlande	
89%	Italien	QUELLE: GFK 2006

Vor allem hat sich das Bewusstsein durchgesetzt, dass Essen und Trinken für unser Wohlbefinden von besonderer Bedeutung sind. Fast drei Viertel der deutschen Bevölkerung (72 Prozent) konstatieren einen Zusammenhang zwischen ihrer Ernährung und ihrer physischen Befindlichkeit. Sie fühlen sich „körperlich besser und leistungsfähiger", wenn sie sich gesund und ausgewogen ernähren; bei einem

LEITIDEE 4 : NATÜRLICH GESUND

guten Viertel (29 Prozent) der Bevölkerung ist dieses Gefühl sogar so sehr ausgeprägt, dass ihre physische Befindlichkeit mit ihrer Ernährung steht und fällt NESTLÉ STUDIE 2009.

Postive Eating

Es hat in den letzten Jahren aber auch ein mentaler Wandel stattgefunden, der sich in Zukunft auch in der täglichen Praxis unseres Ernährungsverhaltens niederschlagen wird. Wir wissen, ahnen oder fühlen, was „gute" Lebensmittel sind – sie sind naturnah, natürlich, auch regional und saisonal, umweltfreundlich und fair produziert, also in mehrfacher Hinsicht „rein", d. h. ohne Zusatzstoffe, ohne die Umwelt zu belasten und ohne Ausbeutung produziert, ohne viel Fett, ohne viel Zucker, ohne viel Salz und möglichst unverarbeitet VGL. ÖSTERREICHISCHE ERNÄHRUNGSSTUDIE 2010. Umgekehrt identifizieren wir Lebensmittel, die Zusatzstoffe enthalten, deren Produktion die Umwelt belastet oder ethisch problematisch ist, insbesondere Fertiggerichte, aber auch Billigfleisch und undeklarierte Importprodukte aus Schwellen- und Entwicklungsländern sowie Lebensmittel, die fett-, zucker- und salzreich sowie hoch verarbeitet sind, als „schlecht". Auch wenn die Zuordnung einzelner Lebensmittel in die eine oder andere Kategorie mitunter problematisch ist, als grobe Orientierung im Alltag taugen diese Kriterien allemal besser als abstrakte Nährwertangaben.

Die oft diffusen und wissenschaftlich umstrittenen Einordnungen sind dabei kein Problem. Denn was immer Experten, Wissenschaftler etc. sagen, verliert zunehmend an Bedeutung gegenüber der Meinungsbildung durch Eigeninformation, gesellschaftliche Anerkennung, den Freundeskreis oder individuelle Netzwerke. Und in diesen Entscheidungsprozessen funktioniert ein „Do" wesentlich besser als ein „Do not", da ist ein „Ich will" um Längen nachhaltiger als ein „Ich muss".

Wie schnell sich dieser Prozess des *positive eating* im praktischen Konsumverhalten niederschlagen kann, ließ sich in den vergangenen Jahren z. B. am Eierkonsum deutlich erkennen. Eier aus Käfighaltung haben in Österreich schon vor dem Verbot dieser Produktionsform immer weniger Abnehmer gefunden, obwohl sie billiger waren als Eier aus der Freilandhaltung oder biologischer Produktion. Der moralische Druck, den Tierschützer insbesondere bei der Hühnerhaltung aufgebaut haben, Salmonellenskandale und „Cholesterinentwarnung" haben dazu ebenso beigetragen, wie die eindeutigen geschmacklichen Unterschiede.

Die Vorstellung von „Reinheit" führt auch dazu, dass wir Produkte, denen etwas hinzugefügt wird, als weniger natürlich wahrnehmen, als jene, denen man etwas wegnimmt. Teilentrahmte Milch wird als natürlicher empfunden als Milch, die mit Kalzium oder Vitamin D angereichert wurde. Das stellt den Beginn eines entscheidenden Paradigmenwechsels dar. Nach Jahrzehnten der Obsessionen zum Thema Fett, Kalorien und Kohlenhydrate haben viele verunsicherte Esser eine unorthodoxe Entscheidung getroffen – sie wollen einfach das Essen wieder mehr genießen und ihren Fokus weg von den Genussverboten und hin zu den Genuss(an)geboten orientieren, auf als gesund wahrgenommene Ausgangsprodukte (Obst, Gemüse, Fisch, Vollkornbrote, etc.) und auf innovative, einfache, gesunde und wohlschmeckende Zubereitungsmethoden (Dampfgaren, Wok, etc.).

Äußere Anzeichen für diesen Paradigmenwechsel sind auch das sich abzeichnende Ende des Diätwahnsinns und die zunehmende Kochleidenschaft (siehe Leitidee 3). In den USA ist - nach aktuellen Untersuchungen der NPD-Group NEW NUTRITION BUSINESS 2007 – der Prozentanteil der Menschen, die Diät halten, so niedrig wie noch nie. Waren es am Höhepunkt des Diät-Hypes im Jahre 1990 fast 40 Prozent der Frauen und 30 Prozent der Männer, die Diät hielten, so sind es heute nur mehr 25 bzw. 15 Prozent.

Superfoods

Auch in Europa fokussieren immer mehr Menschen ihre Bemühungen darauf, ihr Ernährungsverhalten positiv zu ändern, anstatt Verboten zu folgen. Sie kümmern sich nicht mehr primär um die Minimierung von Fett, Zucker, Salz und anderer als „ungesund" wahrgenommener Nähr- und Wirkstoffe in ihrer Ernährung, sondern um die Maximierung besondern nährstoffreicher, biologischer und natürlicher Lebensmittel – die *Superfoods*.

Bekannt wurde der Begriff erstmals 2004 durch den gleichnamigen, 2005 auch auf Deutsch erschienenen Bestseller von Steven G. Pratt und Kathy Matthews, in dem 14 Lebensmittel (vorrangig Obst und Gemüse) mit spezifisch gesundheitlichem Nutzen beschrieben werden. Superfoods wurden dort als Lebensmittel definiert, die im Vergleich zu anderen eine überdurchschnittlich hohe Nährstoffdichte oder eine hohe antioxidative Kapazität mitbringen. Die vegetabile Hitliste umfasst einige bekannte (Heidelbeere, Sandorn), vor allem aber exotische Beeren und Früchte (Acai, Goji, Granatapfel, Guave, Acerola, Mango, Mangostane und Noni) sowie dunkles Blatt- und Meeresgemüse (Algen). Sie wird ständig erweitert, zumal die Grenze zwischen Superfoods und Superfoods-Anwärtern fließend ist.

Bis dato sind für Superfoods nämlich weder einheitliche wissenschaftliche Standards definiert, noch liegen vergleichende Forschungsergebnisse vor. Trotzdem: Aus ernährungswissenschaftlicher Sicht ist die Superfoods-Debatte zu begrüßen, zumal sie auf das große gesundheitsfördernde Potential von Obst und Gemüse verweist und vor allen in der jüngeren Generation das Interesse an diesen Lebensmitteln neu geweckt hat; an Lebensmittel, die nicht nur viele Vitamine und wenige Kalorien liefern, sondern auch mit eigenständigem Geschmack punkten können.

Ausgehend vom Superfoods-Hype in den USA, in dessen Folge z. B. der Anteil der Produkte, die aus oder mit Granatäpfeln hergestellt werden, von 2005 bis 2007 um fast 500 Prozent gestiegen ist, und der via Großbritannien auch nach Kontinentaleuropa überschwappt, bekommen Lebensmittel, die Genuss mit Gesundheit auf natürliche Weise zu verbinden und damit unsere Lebensqualität zu steigern verstehen, auch in Deutschland und Österreich zunehmend ein hippes Image. Früchte, Beeren, Nüsse, Samen, etc. sind die Prototypen solcher Lebensmittel. Die meisten Menschen lieben sie, sie sind gesund und nun auch noch chic.

Mit dem wachsenden Bedürfnis nach neuen Geschmäckern und sinnlich-ästhetischen Esserlebnissen, das nicht mehr nur durch die Erweiterung des Angebots an exotischen Früchten und Gemüse befriedigt wird, rücken auch alte, wiederentdeckte regionale Sorten ins Blickfeld. Der kulinarische Innovationsdrang in der Gastronomie und die neue Liebe zum Gärtnern (siehe Leitidee 2) zeigen uns auch, dass viele Pflanzen und Blüten, die auf unseren Wiesen und in unseren Gärten wachsen, großes kulinarisches Potential haben. Pioniere wie Passard oder Meinrad Neunkirchner, der österreichische Wildpflanzen-Guru, Manfred Buchinger mit seiner Blütenküche oder der ausgewiesene Gemüsekoch und Geschmackspädagoge Johann Reisinger leisten hier wichtige Vorbildfunktion.

Der durchschlagende Erfolg von Smoothies und Snacks mit Nüssen und getrockneten Früchten ist ebenso Ausdruck dieses Wandels wie die intensiven Versuche, alkoholärmere Weine und sogar Schnäpse zu produzieren, die uns die Kraft und den Geschmack der Natur genießen lassen, ohne die negativen Folgen des Alkohols, des Zuviel an Energie etc. mittragen zu müssen.

Über das Wissen und das schlechte Gewissen

Wenn Gesundheit als Schlüsselressource, als wichtigstes Zukunftspfand, als Voraussetzung für die geistig-physische Integrität des modernen Individuums begriffen wird, droht umgekehrt vieles, was ihrer Erhaltung – mitunter auch nur vorgeblich – zuwiderläuft, geächtet zu werden. Das Rauchen wird nur der Anfang gewesen sein, und das hat zur Folge, dass auch Genussmittel, die langläufig als ungesund gelten – wie Schokolade oder Wein – von den Herstellern zunehmend mit Gesundheits-Assets geadelt werden müssen, um sie „sozial akzeptabel" zu machen.

Noch nie wurde soviel über Resveratrol, ein natürlicher Anti-Aging-Wirkstoff im Wein, geforscht und publiziert. Und auch Studien, die das antioxidative Potential und die glückstimulierende Wirkung von Kakaobohnen belegen, machen seit kurzem die Runde in einschlägigen Ernährungs- und Gourmetzeitschriften. Sie sollen verhindern, dass der Schokolade ein ähnliches Schicksal droht, wie Softdrinks und Fast Food, die in US-amerikanischen Schulen neuerdings verboten sind und in Großbritannien seit 2007 im Kinderfernsehen nicht mehr beworben werden dürfen.

In Deutschland wurde sogar eine Fettsteuer diskutiert sowie ein „Dicken-Malus" für Krankenkassenbeiträge gefordert. Ein solcher wird jedoch von 74 Prozent der Deutschen abgelehnt – obwohl den Dicken im öffentlichen Bewusstsein Selbstverschulden für ihren körperlichen Status zugeschrieben wird und die Ansicht vorherrscht, dass auch die Wunschfigur durch gezügeltes Essverhalten erreicht werden kann. Das heißt: Der Traum von der individuellen Programmierbarkeit des Körpers hat sich weitgehend durchgesetzt. Schlankheit und Fitness wurden zu äußeren Zeichen von Gesundheit und Disziplin und diese gelten weithin als Basis für Glück, Freiheit und Erfolg.

Im Schatten dieses Anspruchs steigt naturgemäß aber auch das Unbehagen über die tatsächliche Situation der eigenen Ernährung: Immer mehr Menschen spüren, dass sie ihr Essverhalten eigentlich stärker an gesundheitlichen Aspekten ausrichten sollten. Aber sie können das vermehrte Wissen im Alltag nicht umsetzen.

Der Anteil der Bevölkerung, der mit der eigenen Ernährungsweise voll und ganz zufrieden ist, ist in Österreich innerhalb der letzten 5 Jahre von 48 auf 29 Prozent gesunken GFK ÖSTERREICH 2002 UND GFK 2007. Wohl kaum weil die Ernährungslage schlechter geworden ist, sondern weil wir uns die Latte immer höher legen, weil Gesundheit zu einer sozialen Norm geworden ist, der zu entsprechen wir uns – über das ganz persönliche Bedürfnis hinaus – mehr und mehr gezwungen sehen.

Das Bemühen, die eigene Gesundheit durch entsprechende Ernährung zu fördern, ist zu einer Massenbewegung geworden. Und diese ist keineswegs nur auf die Alterung der Gesellschaft zurückzuführen. Es sind vor allen der soziale Druck und der höhere Informationsgrad der Bevölkerung, die diese Bewegung nähren.

Was bedeutet gesunde Ernährung?

„Man hört Menschen oft über die Wichtigkeit einer gesunden Ernährung reden. Was denken Sie gehört zu einer ,gesunden Ernährung'?" (Mehrfachnennungen möglich)

59% | abwechslungsreiche Lebensmittel essen | eine ausgewogene Ernährung
58% | mehr Obst und Gemüse essen
45% | fettreiche Lebensmittel vermeiden | nicht zu viel davon essen
28% | zuckerhaltige Lebensmittel vermeiden | nicht zu viel davon essen
25% | mehr Fisch essen
22% | nicht zu viele Kalorien zu sich nehmen
19% | Salz vermeiden | nicht zu viel davon essen

QUELLE: GESUNDHEIT UND ERNÄHRUNG, EUROBAROMETER 2006

Viel Wissen, wenig Tun

Und doch gibt es eine erhebliche Diskrepanz zwischen dem, was wir wissen und dem, was wir tun. Die Wertschätzung der Gesundheit, die nötigen Grundkenntnisse über gesunde Ernährung und die allgemeine Verfügbarkeit entsprechender Lebensmittel haben (noch) nicht dazu geführt, dass sich die Menschen tatsächlich so gesund ernähren, wie sie es wollen – auch wenn sie finanziell dazu in der Lage sind.

Woran liegt das? Wir stehen dabei wahrscheinlich vor einer ähnlichen Frage wie der Archivar in dem britischen Doku-Drama *The Age of Stupid* aus dem Jahr 2008. Dem Mann (gespielt von Pete Postlethwaite) fällt das zweifelhafte Glück zu, einer der letzten Menschen auf einer ökologisch zerstörten und alles Leben aufgebenden Erde zu sein. Seiner Profession entsprechend verbringt er seine letzten Tage anno 2055 im Archiv, wo er fassungslos das enorme Wissen sichtet, über das die Menschheit schon 50 Jahre zuvor verfügte. Während seiner letzten Stunden zerbricht er sich den Kopf darüber, wie es möglich war, dass wir so viel über die ökologischen Folgen unseres Handelns wussten – aber so wenig unternommen haben, um sie zu verhindern!

Warum ist das so? Auch beim Essen. Warum ist es für viele Menschen so schwer, den (oft billigen) Genüssen abzuschwören und sich gesünder zu ernähren bzw. sich Genüssen zuzuwenden, die gesünder sind? Woran liegt es – von den bekannten Gründen und Ausreden (Zeitknappheit, Stress und fehlende Angebote) abgesehen – dass uns dies nicht gelingt? Oder ist dieser Gegensatz vielleicht überhaupt nicht überbrückbar, sodass es in Zukunft darauf ankäme, ihn aufzulösen und Gesundheit und Genuss zusammenzuführen?

Gesunde Ernährung im Reality Check

Kriterien für gesunde Ernährung und ihre Realisierbarkeit im Alltag
(Angaben in Prozent sehr wichtig + eher wichtig)

Wichtigkeit | Realisierbarkeit im Alltag

97% | 66% abwechslungsreich essen
94% | 84% täglich Obst und Gemüse
93% | 65% mit Freude und Genuss essen
92% | 87% mindestens 2 Liter Flüssigkeit täglich trinken
92% | 44% frische Ausgangsprodukte essen
97% | 48% frisch zubereitete Speisen essen
89% | 56% sich Zeit lassen, langsam essen

QUELLE: GFK 2007

Ein zentraler Grund für diese Diskrepanz scheint in unserem kulturell, religiös und geschichtlich begründeten ambivalenten Verhältnis zum Genuss zu liegen. Wir wollen genussvoll essen, aber gleichzeitig

— ist Genuss in unseren Köpfen immer noch vor allem mit dem Konsum teurer, exklusiver Lebensmittel verbunden,
— ist Genuss etwas, das sinnlich, mitunter sexuell aufgeladen ist und einen sündigen, verbotenen Beigeschmack hat

Soft Health: Die neue Genussdimension der Gesundheit

Gesundheit ist das zentrale Thema unserer Gesellschaft. Soziale Entwicklungen, Hygiene und Medizin ermöglichen uns heute einen Lebensstil, der uns ins hohe Alter führt. Damit wandelt sich auch der Gesundheitsbegriff. Gesundheit wird nicht mehr bloß als Nichtvorhandensein von Krankheit gesehen, als Geschenk Gottes oder individuelles Schicksal, sondern zunehmend als ganzheitliches, körperliches, geistiges und soziales Wohlergehen. Zunehmend erkennen wir auch kollektiv die Notwendigkeit, unsere Gesundheit während unseres gesamten Lebens selbstverantwortlich zu pflegen. Der Trend zur Vorsorge und zur Gesundheitsförderung ist seit Jahren ungebrochen. Die Mitgliederzahlen von Fitness-Studios steigen, die Teilnahme am Städtemarathon dient als Beweis der eigenen Fitness und der Verzicht auf Nikotin ist fast schon ein soziales Muss. Kurz: Prävention ist angesagt. Aber diese ist, wie das Wort selbst, eine eher sperrige Angelegenheit. Man muss sich bewegen, Sport betreiben, sich richtig ernähren, eventuell sogar Nahrungsergänzungsmittel zu sich nehmen, Qui Gong betreiben, auf gewisse Lieblingsspeisen verzichten usw. usf.
Stress ist damit vorprogrammiert. Dabei ist unser Alltag ohnehin schon kräftezehrend genug. Dies wird sich auch in Zukunft kaum zum Besseren wenden. Unsere Gesellschaft entwickelt sich nach wie vor hurtig in Richtung einer höheren Komplexität. Dafür muss die persönliche Energiebilanz stimmen. Trostpflaster der Vergangenheit, die Staccato-Entspannung eines Wellness-Wochenendes, reichen dafür nicht mehr aus. Die Durchschnitts-

– wird Genuss oft mit maßlosem Konsum von „Genuss(!)mitteln" assoziiert, der sich negativ auf unsere Gesundheit auswirkt.

Eine Falle, denn Genießen ist weder eine Frage des Geldbeutels, noch ist die Freude an subtilen oder aufregenden Geschmackserlebnissen eine Sünde, und schon gar nicht bedarf es dafür zusätzlicher Geschmacksträger wie Zucker, Salz, Fett und Alkohol.
Wir können eine frisch gepflückte Himbeere genauso genießen wie eine gedünstete Forelle, einen saftigen Apfel, ein Stück knuspriges Vollkornbrot oder einen Pflücksalat mit saisonalen Kräutern. Dafür müssen wir bloß die antrainierte Überzeugung aufgeben, dass Gesundes nicht gut schmecken kann. Das ist nicht leicht, aber nicht unmöglich: Denn was als gut schmeckend empfunden wird, ist kulturell geprägt und individuell sehr unterschiedlich. Wir wissen aus zahlreichen Studien, dass uns etwas schmeckt, weil wir es essen. Wir essen es nicht, weil es uns schmeckt, sondern es ist umgekehrt.

Der Alltag formt den Geschmack

Es ist die tätige Praxis, die unseren Geschmack formt. Peruanische Kinder zum Beispiel essen so scharf, dass es uns die Tränen in die Au-

verweildauer in Wellness-Resorts liegt unter denen in Städtehotels. Und die Ayurveda-Behandlung gibt es zwischen Panna Cotta und dem abendlichen Besuch der Hausbar. Dies alles dient mehr der eigenen Belohnung für geleistete Arbeit, denn wirklich tiefgreifender Energetisierung. Das Tourismus-Konzept Wellness funktioniert, aber nicht im eigentlichen Sinne. Denn erholsam oder gar heilsam ist diese Zweitagesflucht aus dem Alltag mit Kurzzeit-Massagen und Bademantel wohl kaum.
Die Alternative: Gesundheit muss alltagstauglich werden. Und dies geht nicht mit noch mehr Power, noch mehr Willensanstrengung, noch mehr Instant-Askese. Dafür braucht es sanftere, unverkrampfte, auch im normalen Alltag funktionierende Methoden. Unter dem Begriff „Soft Health" formiert sich zur Zeit eine Bewegung, die die heilenden Effekte von körperlicher Bewegung und gesunder Ernährung in einen genussvoll gelebten Alltag zu integrieren versteht.
Genießen ist, wie wir an mehreren Stellen des Buches ausführlich erläutern, der Schlüssel zu einem neuen Gesundheitsverständnis. Die heilenden Effekte kommen aus der Nahrung selbst und aus der Umgebung. Sie landen durch die Hintertüre des Alltags in unserem Körper und tun gut, ohne dass wir einen großen Zauber darum machen. Täglich mit dem Fahrrad ins Büro fahren ist leichter zu organisieren, als mit vollem Terminkalender den Spinning-Termin im Fitnessstudio einzuhalten. Wandern statt Joggen geht am Wochenende auch wenn man die Laufschuhe und den funktionellen

gen treiben würde. Aber ihnen schmeckt es, weil sie ständig Scharfes essen, weil Geschmack und Gewohnheit eng zusammenhängen. Kinder lernen durch Vorbilder und durch fortwährende Geschmackseindrücke, was sehr für hochwertiges Kindergarten- und Schulessen spricht, bis hin zum Koch- und Geschmacksunterricht.

Für Bildungs- und Gesundheitspolitiker wie für verantwortungsvolle Eltern wäre dies eine lohnende Aufgabe: Die massiven (fehl-)ernährungsbedingten Gesundheitskosten mit allfälligen Kosten für ein wirklich qualitativ hochwertiges, abwechslungsreiches und kulinarisch befriedigendes Kindergarten- und Schulessen gegenzurechnen; für ein Essen, das zu einer nachhaltigen Geschmacksbildung beitragen kann, die ungesunde Ernährungsweisen verhindert.

Dass es die tätige Praxis ist, die unseren Geschmack formt, gilt – leider – natürlich auch umgekehrt: Aufgrund des regelmäßigen Verzehrs aromatisierter Lebensmittel aus industrieller Produktion mögen mehr und mehr Menschen den natürlichen Geschmack eines Produkts gar nicht mehr. Forscher aus Bremerhaven fanden heraus: Wer oft aromatisiertes Erdbeerjoghurt isst, mag dieses meist nicht nur lieber, sondern hält es auch für natürlicher als Joghurt ohne Aroma. Ein „erfahrungsbedingter Sensibilitätsverlust" nennt der Ernährungswissenschaftler Guido Ritter dieses Phänomen ZIT. NACH WÜSTENHAGEN 2010.

Jogging Dress nicht eingepackt hat. Zudem nimmt man die Umwelt bewusster wahr, genießt die Aussicht, die frische Luft, die Natur, und im besten Fall noch anregende Gespräche mit den Mitgehern. Es ist eine Kombination aus Bewegung und Wahrnehmung, die alle Sinne befriedigt.

Darum geht aus auch beim Essen. Bei der Aussöhnung von ausgewogener Ernährung und Genuss steht eine unverkrampfte Gesundheitsorientierung mit bewusstem Genuss statt verordnetem Verzicht auf dem Speiseplan. Nicht Verbote bestimmen das Soft Health-Menü, sondern gezielte (Selbst-) Verführung zu gesunden Lebensmitteln: Eine aktuelle US-amerikanische Studie ELLO-MARTIN U.A 2007 liefert einen weiteren wissenschaftlichen Beweis für die Wirksamkeit dieser Strategie: An der Untersuchung nahmen 96 chronisch übergewichtige Frauen teil, die bisher fettreiche Lebensmittel gemieden hatten. Die Hälfte der Frauen wurde instruiert, ihren Konsum an Obst und Gemüse deutlich zu erhöhen. Die andere Hälfte sollte weiter auf die Reduktion ihres Fettkonsums achten. Das Ergebnis: Am Ende des Jahres hatten jene Frauen, die den Obst- und Gemüsekonsum deutlich erhöht hatten im Durchschnitt neun Kilogramm abgenommen – um 20 Prozent mehr als jene Frauen, die nur auf den Fettkonsum geachtet hatten.

Mehr frisches Obst und Gemüse ist eine zentrale Voraussetzung für eine gesunde Ernährung, aber im Alltag nicht immer leicht zu praktizieren – frische Früchte sind nicht überall und zu jeder Zeit erhältlich, der Transport ist gerade bei Beeren oder weichen Früchten heikel und die Zubereitung

Zwar zerstört der Verzehr von Aromen – ob „natürlich" hergestellt, wie etwa ein aus Tomaten gewonnenes Erdbeeraroma, oder synthetisch produziert wie Ethylvanillin – nicht die Geschmacksnerven. Aber das Gehirn speichert bestimmte Präferenzen ab. Immerhin verzehrt jeder Deutsche im Schnitt mittlerweile 137 Kilo aromatisierte Lebensmittel pro Jahr – 370 Gramm am Tag.

Wie früh diese Präferenzen antrainiert werden und wie nachhaltig sie unseren Geschmack prägen, konnte eine deutsche Studie anhand von Vanillin, des weltweit am meisten eingesetzten Aromas, anschaulich zeigen. Früher wurde der Fertigmilch in Deutschland oft Vanillin zugesetzt. Bei einer Studie wurden heute dreißig- bis vierzigjährige Probanden gebeten, zwei Ketchup-Sorten geschmacklich zu bewerten. Eine davon war mit Vanillin aromatisiert, in derselben Konzentration wie damals die Babynahrung. Zwei Drittel der Versuchspersonen, die diese Kost früher erhalten hatten, bevorzugten den Ketchup mit Vanille-Zusatz, aber nur 30 Prozent der ehemaligen Stillkinder. MANZ/MANZ 2005, S. 97 Erhalten Säuglinge, so eine andere Studie, in einer frühen Phase hypoallergene Ersatzmilch, die relativ bitter schmeckt, tolerieren sie auch Jahre später Bittergeschmack in deutlich höherem Ausmaß als Gleichaltrige. MENNELLA U. A. 2004, S. 845

ist mit Aufwand verbunden. Schulkindern beispielsweise kann man nicht einfach Erdbeeren oder Kiwis mitgeben. Aber es gibt praktische Alternativen, die es immens erleichtern auch im Alltag mehr Obst zu konsumieren. Ein gutes Beispiel dafür sind „Smoothies".

Smoothies sind praktisch frisches Obst in flüssiger Form, ebenso gesund, aber wesentlich bequemer zu handhaben – und vom Schulpausengefühl her deutlich cooler.

Produktideen wie diese werden den Lebensmittelmarkt noch weiter revolutionieren. Denn die mit Gesundheit und Genuss assoziierten Geschmäcker verändern nach und nach auch die Methoden zur Konservierung von Speisen – und das wird zu einer nachhaltigen Umgestaltung der Produktpaletten führen. Dabei ist vor allem Frische (zumindest jedoch simulierte Frische) das entscheidende Kriterium. Das betrifft neben Fertigprodukten vor allem Gewürze und Kräuter, die als (pulverisierte) Trockenprodukte deutliche Einbußen verzeichnen werden. Wenn schon nicht frisch, dann werden sie in Zukunft zumindest in neuen, unseren Geruchs- und Geschmackssinn besser ansprechenden Konsistenzen angeboten werden: als Pasten, in Form von Gelees, die ihr Aroma erst bei Temperaturwechsel freigeben. Oder: in Flüssigkeiten gelöst bzw. konzentriert in Tuben, Tiegeln und Flaschen.

Auch neue Fast Casual-Konzepte wie jenes von Cha Cha, das 2010 in Berlin die sechste deutsche Filiale ihrer Positiv-Eating-Thai-Street-Kitchen-Res-

Geschmack kann man verlernen und neu lernen

Viele Experten befürchten daher, dass uns bald jeder Bezug zu natürlichem Geschmack verloren geht. Aber – und das ist die gute Nachricht – wenn Geschmack etwas Erlerntes ist, können wir unseren Geschmack auch schulen, unsere Geschmacksvorlieben ändern, in dem wir essen, was uns vielleicht noch nicht schmeckt, d. h. was wir noch nicht zu schmecken gelernt haben, aber zu schmecken lernen wollen. Am effektivsten lernen wir, wenn es uns Spaß macht, wenn uns das Erlernte Status und Anerkennung bringt und soziale Identität verleiht. Als Kind übernehmen wir den Geschmack der Eltern (der in einer größeren, einer regionalen oder nationalen, vor allem auch einer vom jeweiligen Lebensstil geprägten Geschmackskultur verwurzelt ist); als Heranwachsende orientieren wir uns am Geschmack der Peer Groups, essen, was unsere Freunde und Idole essen und lernen dies zu schmecken. Wenn wir in andere Kulturen oder Lebensstile wechseln (durch berufliche Veränderung oder mit neuen Lebenspartnern), lernen wir wieder neue Geschmäcker kennen und – je mehr wir davon essen – sie auch zu lieben.

Wenn wir uns gesund ernähren wollen, müssen wir den Geschmack für jene Lebensmittel, Speisen und Zubereitungsarten entwickeln,

taurants eröffnet hat, fördern mit gesunden, stets frischen und leichten Zutaten das Wohlbefinden und das unbeschwerte Genießen im stressigen Alltag.

Ein weiteres Beispiel ist der neue Umgang mit Alkohol, denn vor allem Frauen, Konsumenten aus Asien und Autofahrer suchen Alternativen zu Weinen mit hohem Alkoholgehalt - ohne auf die nachweislich gesundheitsförderlichen Inhaltsstoffe vergorener Trauben verzichten zu müssen. Immer mehr Hersteller bieten neuerdings Weine mit geringem, ja sogar schon ohne Alkohol an. Über den Webshop www.alcoholfree.co.uk. können etwa in Großbritannien vom italienischen Merlot bis zum deutschen Riesling schon heute Null-Alkohol-Version bezogen werden. Auch neue Getränke wie Embodie, das die speziell in Rotweinen zu findenden Antioxidantien und Polyphenole enthält, oder Weinmischgetränke wie Sophie & Sophie – ein an Rosé Wein erinnerndes Erfrischungsgetränk aus Wein (51%), alkoholfreiem Wein (31%) und Traubensaft (18%) – erobern gerade den Markt und eignen sich als Soft-Health-Alternative in unserem meist viel zu alkoholgesättigten Alltag ohne auf das kommunikative Ritual des Weintrinkens verzichten zu müssen.

Darüber hinaus stärkt der Wunsch nach Frische, Naturnähe und authentischem Geschmack den Trend zur Saisonküche. Parallel dazu entsteht eine Produktgeneration, die mit weniger Zusatz- und Konservierungsstoffen auskommt, auch wenn dies auf Kosten längerer Haltbarkeit geht. Eine

LEITIDEE 4 : NATÜRLICH GESUND

von denen wir – siehe oben – längst wissen, dass sie gesund sind. Und das heißt – wir müssen sie essen. Wir müssen sie so oft wie möglich essen und wir müssen sie so oft wie möglich in guter Qualität essen.

Für Menschen, die selber einkaufen gehen und kochen ist dies natürlich leichter möglich. Gefordert sind aber auch die Küchenchefs vom Gourmetrestaurant bis zur Betriebskantine, das Angebot an qualitativ guten, ansprechend präsentierten gemüse- und obstorientierten Speisen auszubauen, das Schwergewicht der Menükomponenten auf vegetabile Produkte zu verlagern und ihre Gäste mit neuen Gemüse- und Obstgerichten neugierig zu machen. Die Küchen dieser Welt bieten eine unendliche Vielfalt an wohlschmeckenden vegetabilen Rezepturen, die für viel Abwechslung und zukunftsweisende kulinarische Erlebnisse sorgen können.

Nicht nur in Alain Passards Pariser 3-Sterne-Restaurant L'Arpège, auch im Wiener Gourmettempel Steirereck, wo Heinz Reitbauer gerade eine vegetarische Sterneküche implementiert, und im Kopenhagener Noma, das Rene Redzepi vor allem mit seinen gepriesenen Gemüsegerichten in den Gastrohimmel führte, hat die gesunde kulinarische Zukunft bereits begonnen. Und beim Essen wird es nicht anders sein als bei unseren geliebten Automobilen:

Was heute an zukunftsweisenden Innovationen in der S-Klasse steckt, ist morgen auch beim Mittelklasse- und Kleinwagen zu haben. Das heißt: Gesunder Genuss ist in Zukunft für alle da!

nachhaltige Entwicklung, die das Herausbilden neuer und die Veränderung traditioneller Geschmackspräferenzen beschleunigen wird. Gerade im Zusammenhang mit der Gesundheit lohnt es sich somit den Geschmack als kritische Orientierungshilfe zu schulen, denn in Zeiten des Lebensmittelüberflusses, des pandemischen Übergewichts und der Zunahme ernährungsassoziierter Zivilisationskrankheiten ändert sich die Rolle der Genussfähigkeit radikal.

Der (gesunde) Geschmack wird zur neuen Schlüsselkompetenz. Er ermöglicht einen entspannten Umgang mit dem Lebensmittelüberfluss. Mehr noch, er ist die wichtigste Voraussetzung für ein gesundheitsförderliches und zugleich genießendes Essverhalten. Denn je stärker unsere Genussfähigkeit ausgeprägt ist, desto leichter fällt es uns, uns auch im Alltag gesundheitsorientiert zu verhalten. Genießer treiben öfter Sport, ernähren sich gesünder, sind öfter an der frischen Luft, sind seltener einsam und ergreifen häufiger Maßnahmen zur Krankheitsprophylaxe BERGLER/HOFF 2002. Es gilt daher die eigene Genussfähigkeit zu steigern, denn nur ein freies, wenn auch differenziertes Genussverhalten macht unsere Sinne fit für eine gesunde Zukunft.

Food Change: Zukunftsmenü 4

In Zukunft werden gesundes Essen und genussvolles Essen dasselbe sein. Anregungen für eine Fusionsküche der anderen Art:

Konsumenten ...

... kennen die Rolle, die Ernährung für ihre Gesundheit spielt

... wissen grundsätzlich welche Lebenmittelgruppen für eine gesunde Ernährung wichtig sind

... misstrauen zunehmend den Experten und vertrauen sich mehr den Ernährungsempfehlungen von sozialen Netzwerken an

... streichen Fleisch verstärkt vom Speiseplan, vor allem bei den Kindern

... kommen mehr und mehr auf den Geschmack von Obst und Gemüse und sind als „Teilzeit-Vegetarier" auch sozial durchwegs akzeptiert

... reduzieren ihre Diäten bzw. hören ganz damit auf

... erwarten gesunde und zugleich wohlschmeckende Speisen in Restaurants und Betriebskantinen

Produzenten ...

... bieten mehr Einblicke in die Herkunft, die Qualität und Produktion ihrer Produkte

... führen einen detaillierten Gesundheitsnachweis ihrer Produkte

... unterstützen ihre Kunden bei der Entwicklung einer Genusssprache, um die Wahrnehmung der Geschmacksvielfalt zu fördern

... setzen verstärkt auf Bio und entwickeln neue Standards für Kennzeichnung und Lebensmittelverarbeitung

... überarbeiten ihre Rezepturen bzw. entwickeln neue, um den Gesundheits- und Genussansprüchen der Kunden gerecht zu werden

Gastronomen ...

... bieten eine reiche Auswahl an fleischarmen bzw. fleischlosen Gerichten an, die auch kulinarisch anspruchsvollen Gaumen entsprechen

... gehen auf die zunehmend individuellen Wünschen von Vegetariern und Allergikern ein

... offerieren Gerichte in variablen Portionsgrößen

... bieten nicht nur Gerichte, die Kinder gerne essen, sondern achten auch auf deren ernährungsphysiologische Ausgewogenheit und ansprechende Optik

... adaptieren die Rezepturen regionaler Gerichte und finden dafür leichtere, kalorienärmere und gesündere Zubereitungsarten

... reagieren mit ihren Menüangeboten auch auf den „weiblichen Geschmack" (kleinere Fleischportionen, größere Gemüseportionen)

97

Handelsunternehmen ...

... bieten ihren Kunden vermehrt auch gesundheitsrelevante
Produktinformationen

... vermitteln Know-how in Sachen Nährwertkennzeichnung

... bieten individualisierten Service für Allergiker

... erleichtern den Einkauf saisonaler Obst- und Gemüseprodukte
durch besondere Auszeichnung und Positionierung

Global wird normal

Die Globalisierung macht uns die Welt schmackhaft.
In Zukunft wird die Weltküche auch mit
Weltverantwortung serviert.

The world is a great place to eat.

Anthony Bourdain

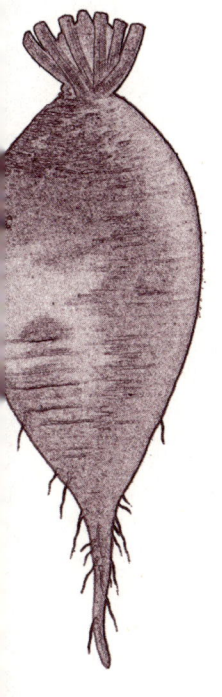

*D*ie Globalisierung findet keinesfalls nur in den Fabriken und Containerhäfen der Welt statt, sondern vor allem auf unseren Tellern. Sie verschafft uns eine nie gekannte Vielfalt in Bezug auf Lebensmittelauswahl und Gestaltung des Speisenplans. Exotische Früchte und sonnenverwöhntes Obst zu (fast) jeder Jahreszeit, saftige Rindersteaks aus Argentinien, Barsche aus dem Viktoria-See mitten in Afrika, frischer Thunfisch aus dem Pazifik, Shrimps aus Thailand, Sojaprodukte aus China – das gehört mittlerweile zum Standard in Supermärkten und bei Lebensmitteldiscountern. Und Burger und Cola treffen in Europa mittlerweile auf ein internationales Angebot von Speisen. Neben Pizza und Döner, Börek, Gyros, Falafel, Bagels, Tortillas, Wraps und Tacos, gehören auch Sushi, Misosuppe oder Samosas längst zu unserem Essalltag - zumindest in den urbanen Regionen mit ihrer differenzierten, reichhaltigen Gastronomieszene.

Die Normalität der Globalität

Die vorgelebte Globalisierung von McDonald's, Coca Cola & Co. war eine Einbahnstrasse von „West nach Rest", aber die Globalisierung funktioniert nun mehr und mehr auch in die umgekehrte Richtung. Und sie hat uns die Welt schmackhaft gemacht, unsere Esskulturen signifikant verändert und wird sie weiter ändern. Migration, Tourismus und Welthandel haben beim Essen und in der Küche ihre Spuren hinterlassen. Das gilt nicht nur für die aktuelle Globalisierungswelle, sondern auch schon für alle früheren.

Heute ist kaum mehr vorstellbar wie komplett anders unsere europäischen Küchen aussehen würden, hätte Kolumbus nicht Amerika entdeckt und uns damit eine neue Gemüsevielfalt beschert, hätten die Araber nicht schon vor tausend Jahren den Gewürzhandel zwischen Asien und Europa forciert, wären wir durch jahrhundertelange Migrationsbewegungen nicht auch mit immer neuen Rezepturen konfrontiert worden, die das, was wir heute stolz als unsere Nationalküchen bezeichnen, erst haben entstehen lassen.

Was wäre, um nur ein paar besonders markante Beispiele zu nehmen, Italien ohne Tomaten? Ungarn ohne Paprika? Oder ganz Europa ohne

Kartoffel? Ein – zumindest für unsere Kids nicht auszudenken! – Europa ohne Pommes!

Dass Tomaten und Kartoffeln lateinamerikanische Immigraten sind, ist den meisten durchaus bewusst. Dass aber auch unzählige andere Früchte und Gemüse, die wir längst als Einheimische betrachten, „zugewandert" sind, wissen wahrscheinlich nur wenige: Die Marille ist eine Chinesin, die Kirsche eine Türkin, Paprika ein Kolumbianer, Spinat ein Perser usw. usf. Die diversen Globalisierungswellen der vergangenen Jahrhunderte hat sie alle längst zu „Einheimischen" gemacht.

„Die Menschheit", ist der Historiker Tom Standage überzeugt, „veränderte die Pflanzen, die Pflanzen wiederum veränderten die Menschheit, denn im Lauf der Geschichte hat das Essen weit mehr bewirkt, als nur für Nahrung zu sorgen." STANDAGE 2009 Es fungiert als Katalysator des sozialen Wandels, der gesellschaftlichen Organisation, des geopolitischen Wettbewerbs, der industriellen Entwicklung, der militärischen Konflikte und der wirtschaftlichen Expansion. Nicht zuletzt auch der Entwicklung von Kunst und Kultur, wie Peter Burke anhand des Weizens bzw. der Weizenpreise in seinem Standardwerk zur europäischen Renaissance eindrücklich gezeigt hat BURKE 1992.

Europas Gier nach Gewürzen trieb Kolumbus an, das arabische Handelsmonopol zu durchbrechen, indem er Asien auf einer anderen Route zu erreichen versuchte – und Amerika entdeckte. Er brachte nicht nur viele neue Nutzpflanzen nach Europa, sondern exportierte das ursprünglich aus Indien stammende Zuckerrohr in die Neue Welt, dessen Anbau den Sklavenhandel nach sich zog und damit Jahrhunderte lang ein auf Ausbeutung und Apartheit basierendes „Gesellschaftsmodell" etablierte, dessen Narben noch heute nicht verheilt sind.

Der Gewürze-Bedarf ließ auch die Portugiesen Afrika umsegeln und in Indien Handelsniederlassungen gründen, die die Keimzellen von Kolonialismus und Imperialismus waren. Ernteausfälle entscheiden 1820 nicht zuletzt auch die Debatte um die Zukunft des britischen Königreichs zugunsten der Industrialisierung, für die Kartoffel und Zucker zur Versorgung der Fabriksarbeiter ebenso wichtig wurden wie die Dampfmaschine.

Bereicherung und Verarmung sind eins

Aus kulinarischer Perspektive haben alle bisherigen Globalisierungsschritte unser Leben mehrheitlich bereichert. Und das gilt selbst für die vielgeschmähte „Amerikanisierung" in den sechziger und siebziger Jahren des vergangenen Jahrhunderts, für die Fast Food- und

Systemgastronomie, für die Convenience-Produkte, die Frauen von Heim und Herd befreiten, Kinder und Jugendliche unabhängiger machten und somit ein starres, patriarchales Gesellschaftssystem in Richtung individuelle Freiheit revolutionierten. Und es gilt genauso für die „Asiatisierung", die in den achtziger und neuziger Jahren begonnen und ihren Höhepunkt noch lange nicht erreicht hat; die nicht nur zu einer massiven Geschmackserweiterung und zu inspirierenden Fusionsküchen geführt hat, sondern uns auch mit neuen, gesünderen Ernährungskonzepten (von der gemüse- und fischreichen Küche Japans und Thailands bis zu den mystischen Ernährungsordnungen aus China und Indien) bekannt machte, die mittlerweile aus den westlichen Diät- und Wellness-Programmen nicht mehr wegzudenken sind.

Gleichwohl haben die Globalisierungen immer auch zu Beschränkungen und Verarmungen geführt. Kartoffel und Mais haben schon früh zahlreiche indigene Getreidesorten verdrängt, die Industrialisierung der Nahrungsmittelproduktion und -distribution hat auch zu einer deutlichen Reduktion der regionalen Sortenvielfalt beigetragen. Zudem bedrohen Eigentumsrechte und weltweite Patente, die den freien Austausch von Saat und Pflanzgut unterbinden, sowie neue Technologien die natürliche Vielfalt und damit das ökologische Gleichgewicht. Weltweit gibt es etwa 250.000 Körner- und Samenpflanzen. 4.000 davon sind potentiell für die menschliche Ernährung nutzbar, jedoch nur 30 Pflanzenarten decken zirka 90 Prozent der Nahrungsenergieversorgung ab; mehr als die Hälfte davon allein Weizen, Mais und Reis. Das heißt: „In unserer heutigen Form der Lebensmittelversorgung wurde die Vielfalt genutzter Pflanzenarten durch eine Vielfalt an Lebensmitteln ersetzt, die aber aus immer weniger Pflanzenarten gewonnen werden." HENRY 1997

Erst heute beginnen wir wieder alte Gemüse- und Obstsorten sowie Tierrassen, die durch ertragreichere Importsorten oder gezielte Züchtungen ersetzt und so in Vergessenheit geraten sind, wieder zu entdecken. Aus gustatorischen Gründen, aber auch weil die Erhaltung und Vermehrung der biokulturellen Vielfalt eine überlebenswichtige Anpassungsstrategie an die Auswirkungen des Klimawandels sind.

Welthandel und Welthaltung

Der immer intensivere Austausch zwischen allen Regionen dieser Welt hat auch die europäische Agrar- und Lebensmittelwirtschaft zu einem Teil des globalen Weltmarktes gemacht. Inzwischen verdient ein deutscher Landwirt etwa jeden fünften Euro im Export, die deutsche Ernährungswirtschaft sogar jeden vierten Euro. Deutschland steht mit seinen Agrar- und Ernährungsexporten in der Weltrangliste nach den USA und den Niederlanden auf dem dritten Platz. Die Agrarausfuhren haben gemessen am gesamten Außenhandel einen Anteil von rund fünf Prozent, der Anteil der Agrareinfuhren beträgt 7,2 Prozent. Im Jahr 2008 wurde mit über 52 Milliarden Euro ein neuer Ausfuhrrekord erreicht. Dem stehen im selben Jahr Agrareinfuhren im Wert von über 58,6 Milliarden Euro gegenüber. Bei Lebensmitteln ist Deutschland mittlerweile zweitgrößter Importeur nach den USA. WWW.AGRARHEUTE.COM

Die entsprechenden Zahlen für Österreich bewegen sich – relativ betrachtet – auf ähnlichem Niveau: Im Jahr 2006 betrugen die Food & Beverage-Exporte 6,65 Milliarden Euro (das entspricht 6,4 Prozent der österreichischen Gesamtexporte), vor allem nach Deutschland, Italien und in die USA, in die zusammen über 50 Prozent aller österreichischen Agrar- und Lebensmittelexporte gehen. Die Lebensmittelimporte beliefen sich im selben Jahr auf insgesamt 6,73 Milliarden Euro. WWW.AMA-MARKETING.AT

Je mehr „Welt" wir auf unseren Tellern haben, je mehr globale kulinarische Erfahrungen wir machen - ob im neuen Thai-Restaurant um die Ecke oder bei eine Reise durch Peru, ob beim privaten Abendessen auf Einladung unseres neuen Nachbarn aus Vietnam oder im Zuge einer Safari in der Serengeti –, je mehr lukullisches „Weltverständnis" wir entwickeln, desto weniger wollen oder können wir verdrängen, dass unsere Esskultur auch Einfluss auf das weltweite Ernährungs- und Ökosystem hat: auf faire oder unfaire Handelsbeziehungen, auf das ökologische Gleichgewicht in den Weltmeeren, auf die Klimaerwärmung, die Erhaltung der Biodiversität und nicht zuletzt auf den Hunger, der für über eine Milliarde Menschen immer noch leidvoller Alltag ist.

Die weltoffenen Kulinariker werden so mehr und mehr nicht nur zu nachhaltigen, sondern auch zu nachhaltig handelnden Genießern.

Die importierte Verantwortung

Die Art und Weise, wie, unter welchen Bedingungen und unter wessen Kontrolle produziert, verarbeitet, verteilt und gegessen wird, lässt den globalen Genießer nicht mehr länger kalt. Fairness erfordert gleichberechtigte Zugangschancen, Eigentums- und Nutzungsrechte, nicht zuletzt hinsichtlich Land, Wasser und Saatgut sowie Wissen über deren Verwendung und Verarbeitung. Fairness ist mit dem herrschenden Ziel der Profitmaximierung unvereinbar. Vielmehr spiegeln faire Lebensmittel vielfältige und wertschätzende, gleichberechtigte Beziehungen in der Produktion, Verarbeitung und Verteilung wider.

Das bedeutet menschenwürdige Arbeitsbedingungen, angemessene Löhne, soziale Absicherung und Vereinigungsfreiheit sowie angemessene Preise für gute und saubere Lebensmittel. Fairness impliziert Selbstbestimmung und Ernährungssouveränität sowie eine veränderte Politik und Wirtschaft für nachhaltige Entwicklungen.

Die Verfechter der Slow Food-Bewegung zählen weltweit zu den Pionieren des verantwortungsvollen Genießens. Für sie ist die Vielfalt der Geschmacksnuancen „ein unschätzbares Gut, das es zu bewahren bzw. wieder zu gewinnen und auszubauen gilt". Lebensmittel, so heißt es in der *Wiener Deklaration*, „sind gut, wenn sie qualitativ hochwertig, schmackhaft und verantwortbar sind – sowohl gegenüber uns selbst, unseren Mitmenschen sowie künftigen Generationen als auch gegenüber der Natur, unserer Mitwelt. Um als sauber zu gelten, muss ein Produkt im Einklang mit den lebendigen Ökosystemen unter Erhaltung der biokulturellen Vielfalt in vorsorgender, verantwortungsvoller Weise hergestellt, verarbeitet und verteilt sein. Darüber hinaus muss die Gesundheit des Bodens, der Pflanzen und Tiere sowie der HerstellerInnen und KonsumentInnen (....) geschützt und gestärkt werden. Lebensmittel sind fair, wenn sie vielfältige und wertschätzende Mensch-Mitwelt-Beziehungen im gesamten Lebensmittelsystem widerspiegeln." WWW.SLOWFOOD-WIEN.AT

Verantwortungsvoller Genuss ist jedoch längst nicht mehr ein Privileg der Slow Food-Aficionados. Die Überzeugung, dass wir mit jeder Kaufentscheidung bzw. jeder Mahlzeit mitentscheiden, ob wir zur Erhaltung dieser vielschichtigen, genussvollen Vielfalt beitragen oder nicht, setzt sich mehr und mehr durch. Auch wenn wir diese Überzeugung im Alltag noch längst nicht konsequent genug leben (können), wissen wir, dass wir eine neue Beziehung zum Essen entwickeln müssen, auch weil die Zusammenhänge zwischen dem, was auf unseren Tellern liegt, und dem, was in der Welt passiert (Klimawandel, steigende Rohstoffpreise, Monokulturen und Ausbeutung, etc.) immer evidenter werden.

Im Lifestyle of Health and Sustainability drückt sich das Spannungsverhältnis zwischen lustbetonten, spontanen Konsumimpulsen und dem Bewusstsein der sozialen, gesundheitlichen und ökologischen Konsequenzen der Genussorientierung aus. Dieses Spannungsverhältnis bildet die Basis für die prosperierenden Märkte des sinnvollen, verantwortlichen und ethischen Konsums, der nicht auf Verzicht setzt („Weniger ist mehr"), sondern auf bewussten Genuss („Besser statt mehr") und damit eine Neudefinition von Qualität mit sich bringt, in der Sinn und Sinnlichkeit, Nachhaltigkeit und Ästhetik zu zukunftsfähigen Synergien finden (siehe Leitidee 1).

Die Generation „5 vor 12"

Ethik wird für immer mehr Menschen zu einem wichtigen Konsummotiv, die Frage nach dem Sinn zu einem entscheidenden Aspekt der Kaufentscheidung. Die Wahl von politisch, ökologisch und sozial korrekten Konsum-Angeboten vermittelt das gute Gefühl, das Richtige zu tun, den „Change" aus eigenem Antrieb mit voran zu treiben. Ausschlaggebend dafür ist aber nicht das kollektive schlechte Gewissen, das uns zu einer modernen Ablasshandlung nach allzu exzessivem Genuss der hedonistischen Freiheiten nötigt, sondern die Einsicht in die Handlungsnotwendigkeit. Die heute Zwanzig- bis Dreißigjährigen sind die erste Generation der Menschheitsgeschichte, für die unmissverständlich klar ist, dass sie die Lösung dringender ökologischer Probleme nicht mehr ihren Nachkommen überlassen können, wenn sie an ihrem Lebensabend nicht selbst unter den Folgen leiden möchten. Für die global vernetzte Facebook- und Twitter-Generation sind Nachhaltigkeit und Verantwortungsbewusstsein (auch gegenüber den „Freunden" in den Schwellen- und Entwicklungsländern) daher ganz selbstverständlich zu einer Dimension des Konsums geworden.

Klimawandel und Essen

„Wie wichtig ist Ihnen, dass Lebensmittel in der Produktion klimaschonend sind, d. h. dass von der Landwirtschaft bis zum Verarbeiter weniger Kohlendioxid (CO_2) produziert wird?"

38% | sehr wichtig
32% | wichtig
 3% | gar nicht wichtig   QUELLE: KARMASIN 2010

Zielten die ersten Bio- und Fairtrade-Produkte zunächst auf die wohlhabende Schicht bürgerlicher Pionierkonsumenten, ändern auch die Anbieter mittlerweile die Stoßrichtung: Mehr und mehr richten sie ihre Konsumangebote auf die umweltbewusst aufgewachsenen Mitglieder der Mittelschichten. So verzeichnet nicht nur der einstige Vorreiter des Ethik-Konsums, der Hersteller Transfair, dessen Ethical Correctness existenzsichernde Preise, Vorauszahlung, faire Löhne und Arbeitsbedingungen sowie langfristige Verträge mit den Erzeugern erfasst und der neben fairem Kaffee, Tee und Kakao heute auch Bananen, Orangensaft und Bonbons anbietet (also jene Produkte, die traditionell unter besonders inhumanen Bedingungen und einem hohen Anteil an Kinderarbeit erzeugt werden) steigende Umsätze. Auch der Gesamterlös von fair gehandelten Produkten in Deutschland ist 2006 im Vergleich zum Vorjahr um 50 Prozent auf 110 Millionen Euro gestiegen, während sich die verkaufte Menge sogar verdoppelte. Vor allem Bananen mit dem Fair-Trade-Siegel landeten im Einkaufskorb der deutschen Verbraucher, ihr Absatz hat sich verdreifacht. Einen immer größeren Anteil machen auch Produkte aus, die sowohl fair gehandelt als auch bio sind.

Mehrwert Verantwortung

Kaum eine Marke, kaum eine Branche, die neben der jeweiligen Kernleistung der Produkte nicht auch einen ethischen oder ökologischen Mehrwert verkauft. Selbstverständlich ist dabei (noch) nicht alles wirklich so „grün", wie es naturfarben von den Verpackungen, Logos und Restaurant-Designs schimmert, aber wenn selbst Fast Food-Ketten ihre Logos von rot auf grün umstellen, ist zumindest eines klar: Das Konsummotiv Ethik ist in der gesellschaftlichen Mitte angekommen. Und das heißt, dass es auch nicht mehr so schnell „vom Markt" verschwinden wird.

Dieses Feel Good Consuming ist nicht zuletzt ein klassisches Produkt der – vor allem durch Internet und Web 2.0 geformten – Informationsgesellschaft, die sich allmählich zur „Sinngesellschaft"

Cuisine du Monde? World Cuisine!

Die Eröffnung des ersten amerikanischen Fast Food-Restaurants in Europa, am 21. August 1971 im holländischen Caandam, war eine Sensation. Das Ereignis markiert eine Trendwende in den europäischen Esskulturen. Der durchschlagende Erfolg ist dabei nicht nur darauf zurückzuführen dass Big Mac, Whopper & Co. bei Kindern und Jugendlichen punkten konnten, sondern auch auf die veränderten Lebensstile der Erwachsenen. Flexiblere Arbeitszeiten und immer mehr berufstätige Frauen verlagerten den Schwerpunkt des Essens mehr und mehr aus den privaten Haushalten heraus. Unterschiedliche Arbeitsrhythmen führten zur Erosion gemeinsamer Mahlzeiten und besiegelten den durchschlagenden Erfolg schneller und unkomplizierter Esslösungen.

Kulinarisch stellten Big Mac & Co jedoch keine wirkliche Innovation dar: Fleisch stand und steht, wie bei vielen Gerichten der bürgerlichen Küchentradition, im Zentrum, umhüllt von luftigen Brotscheiben, mit Sauce garniert und mit frischem Gemüse als bloßem Ornament. Bewegung in die Hierarchie der Lebensmittel am Teller brachte hingegen die Verbreitung der italienische Küche, die zur selben Zeit mit Pasta und Pizza ihren weltweiten Siegeszug begann und mit der Integration in die mittel- und nordeuropäischen Küchen einen ernährungsphysiologisch markanten Wandel ausgelöst hat.

Das wahre Ausmaß dieses Wandels wurde erst mit dem Jahrtausendwechsel deutlich, als bei Umfragen nach dem Lieblingsgericht von den jüngeren weiterentwickelt, in der sich die Individualisten (virtuell) zu neuen Wertegemeinschaften zusammenfinden. Vor allem in der Lebensmittelbranche werden sich Produzenten und Handel daher eine klare Strategie zugrunde legen müssen, um dem zunehmenden „Wir"-Gefühl einer hoch individualisierten Gesellschaft erfolgreich begegnen zu können. Gemeinschaft und persönlicher Freiraum, Unabhängigkeit und gemeinsame Werte, individueller Geschmack und soziales Engagement schließen sich nicht mehr aus.

Feel Good-Konsumenten sind markentreu, aber nachtragend. Sie sind gut informiert und äußerst kritisch. Sie verlangen eine makellose Bilanz des Unternehmens, nicht nur der Zahlen. Vor allem die moralische Bilanz muss stimmen. Damit kommt insbesondere auf Unternehmen in der Food & Beverage-Branche nicht nur eine extrem anspruchsvolle Kommunikationsaufgabe zu – denn Vertrauen ist nur mühsam aufgebaut, aber schnell wieder verspielt –, sondern sie müssen sich auch darauf vorbereiten, dass Konsumenten in Zukunft mehr denn je mitreden wollen und sich über Produkte und ihre Hintergründe Gedanken machen. Und somit Einfluss auf die Produkte und Unternehmensstrategien nehmen.

Vor allem das neue Kommunikationsmittel Internet ermöglicht organisierten Kundenprotest in einer Form, die früher nicht existierte

Befragten (den bis Vierzigjährigen) erstmals kein Fleischgericht an erster Stelle gereiht wurde, sondern ein Nudelgericht VGL. AC NIELSEN ÖSTERREICH 1999/2000; RÜTZLER 2002. Das Fleisch als Leitsubstanz hat damit in unserer Esskultur zwar noch nicht ausgedient, aber merklich an Status verloren. Ein Trend, der in Europa in den 1990er Jahren durch den Boom der asiatischen Küchen noch verstärkt wurde, als roher Fisch auf klebrigem Reis – sprich: Sushi – zum Kultgericht der jungen, metropolitanen Eliten wurde und in dessen Sog auch zahlreiche andere japanische, chinesische, thailändische und indische Speisen populär wurden.

Die schnellen, flexiblen und gesunden Esslösungen der asiatischen Küchen wurden rasch auch als Alternative zu Fast Food und Convenience à la américaine wahrgenommen. Sushi-Bars, thailändische Suppenküchen, indische, vietnamesische und chinesische Restaurants sowie Systemgastronomiekonzepte wie Wagamama und Yoshinoya gehören heute wie selbstverständlich zum globalen Stadtbild. Aus kulinarischer Sicht steht der aktuelle Gewinner der Globalisierung fest – Asien.

Die fixen fernöstlichen Küchen entstanden übrigens aus den Grundzutaten Platz- und Brennstoffmangel, fehlender Kühlraum und Vielfalt. So entwickelten sich zwischen Hongkong und Bangkok die Straßenküchen, die schnelle, individuelle Esslösungen bieten, dazu intensive Geschmäcker und kompromisslose Frische.

FOOD CHANGE – 7 LEITIDEEN FÜR EINE NEUE ESSKULTUR

und vor der unsaubere Geschäftemacher zu Recht zittern. Die „We World"-Konsumenten sind immer mehr vernetzt und durchschauen bloßes Design und Werbebekenntnisse schneller, als es Marketing-Tricksern lieb sein könnte.

Preisfrage Preis

Der Einwand, dass ein Großteil der Verbraucher zwar prinzipiell an nachhaltigen Produkten interessiert sei, aber bisher – nicht zuletzt bedingt durch die Finanz- und Wirtschaftskrise – doch noch stärker auf den Preis achtet, ist kein Gegenargument. Denn erstens werden wir uns insgesamt daran gewöhnen müssen, dass wir auch in Europa in Zukunft wieder mehr für Lebensmittel bezahlen werden müssen (das gilt vor allem für frische und natürliche Lebensmittel, nur stark verarbeitete und standardisierte und lang lagerfähige Produkte bleiben vergleichsweise günstig) und dass nach jahrzehntelangem Rückgang der prozentuellen Nahrungsausgaben am durchschnittlichen Haushaltseinkommen der tiefste Punkt erreicht ist – noch in den sechziger Jahren gaben die Deutschen über ein Drittel ihres privaten Geldes für Nahrungsmittel und Getränke aus. Heute sind es nur mehr rund zehn Prozent. In vielen Entwicklungs- und Schwellen-

Der Hype um die asiatische Küche führt auch zu einem Boom an speziellen Gewürzen (von Marsala bis Wasabi) und passenden Küchenutensilien wie Reiskocher, Wok, Bamboo Steamers, Schälchen, Stäbchen und japanischen Messern, die mittlerweile zum Grundangebot jedes besseren Kaufhauses gehören. So finden fernöstliche Speisen zunehmend auch Eingang in die privaten Haushalte. Neben authentischen Gerichten ist es aber vor allem das Mischen vorhandener Traditionen, das Gourmets begeistert und sich auch in der Breite durchzusetzen beginnt: Fusion Food. Der internationale Mix auf unseren Tellern ist die historisch logische Konsequenz der Globalisierung, so wie einst die Wiener Küche die logische Konsequenz des k.u.k.-Vielvölkerstaates mit seinen zahlreichen regionalen Küchen war.
Es ist die Mischung aus Vertrautem, Exotischem und kulinarischer Überraschung, die den Erfolg der Fusion Kitchen ausmacht, wenn etwa Jean-Georges Vongerichten in New York eine Foie Gras Brulée mit Rhabarber-Saft, Sechuan-Pfeffer und Ananas serviert oder Kim Sohi in Wien ein mit warmen Schweinegrammeln gefülltes kaltes, rohes Thunfischfilet zubereitet. Kreiert wird die Fusionsküche meist in Europa und Amerika, aber konsumiert wird sie auch in den Boomstädten Asiens. Der vom Time Magazin als „the most globetrotting of all chiefs" geadelte Vongerichten hat u. a. eine Dependance in Shanghai, der aus Österreich stammende amerikanische Kochstar Wolfgang Puck betreibt allein in Japan insgesamt sechs Restaurants, Alain Ducasse führt neben Paris und New York auch ein Restaurant

ländern dagegen geben die Menschen noch bzw. schon wieder über 50 Prozent ihres Einkommens für Nahrung aus.

Zweitens ist der „finanzielle Einwand" allenfalls eine Aufforderung an Politik und Wirtschaft, dem Wunsch der Bürger bzw. Konsumenten nach ökologischen und fairen Produkten mit entsprechenden Maßnahmen entgegenzukommen. Themen wie Energie, Wohnungsbau oder Mobilität lassen sich über das Thema „Ökologie ist Ökonomie" gut bedienen. Besonders im Bausektor lässt sich derzeit ein Wandel beobachten: Nachhaltigkeit gepaart mit einer neuen Sparsamkeit macht die Branche zu einem Zukunftsmarkt in der Green Economy. Denn aufgrund steigender Energiepreise und eines zunehmenden Gesundheitsbewusstseins entdecken auch die konservativsten Häuselbauer immer mehr ihr Herz für den Umweltschutz, für alternative Heizsysteme und ökologische Baumaterialien, auch wenn diese sich erst nach Jahren wirtschaftlich rentieren.

Wie bei allen gesellschaftlich wünschenswerten Zielen kann politische Steuerung helfen, dass das Erreichen dieser Ziele von mehr Menschen betrieben wird; ähnlich wie bei der steuerlichen Absetzbarkeit für Spenden an soziale und karitative Einrichtungen, bei der Förderung von E-Bikes oder Energiesparmaßnahmen beim Haus- und Wohnungsbau, sind prinzipiell auch Maßnahmen zur Unterstützung

in Hongkong. Diese weltumspannende Fusionsküche ist dabei, zur hochinnovativen Cuisine du Monde zu werden. Untrügliches Kennzeichen: Französische Begriffe in der Küchensprache werden zunehmend durch japanische, chinesische und südostasiatische Ausdrücke verdrängt VGL. GRIMES 2004. Aber es ist nicht alles Asien in der Welt des Essens: Neuerdings drängen auch die südamerikanischen Küchen ins Rampenlicht und bewegen sich über die USA in Richtung Europa. Tacubabar, Daddy Donkey sowie Wahaca lauten ihre systemgastronomischen Protagonisten.

Topköche wie Enrique Olvera, Guillermo Gonzalez Beristain, Benito Molina, Paulina Abascal, Federico Lopez und Ricardo Muñoz Zurita legen den Fokus auf das reiche kulinarische Erbe, in dem sich spanische und portugiesische mit indigenen und afrikanischen Küchen gemischt haben. Sie kombinieren traditionelle Zubereitungsformen und indigene Lebensmittel mit modernen, internationalen Küchentechniken. Das Ergebnis: Moderne Versionen präkolumbianischer Gerichte mit Betonung der großen regionalen Sortenvielfalt (v. a. bei Kartoffeln und Bohnen), unter Verwendung von Yukka- und Hibiscusblüten, Kaktusfrüchten, Maismehl in diversen Varianten, Chipotle, Amaranth, Tomatillo- und anderen Saucen sowie erfrischend neuen Gemüsesorten.

Zentrum dieser gastronomischen Bewegung ist Peru, das durch unzählige kulturelle Einflüsse und eine bewegte Immigrationsgeschichte, viele Klimazonen und Landschaften ein Paradies für Fusion Food ist und mit Gastón von biologischen oder Fairtrade-Lebensmitteln denkbar. Geringere Mehrwertsteuersätze für nachweislich nachhaltig und fair erzeugte Produkte würden nicht nur Anreize für Produzenten bieten, sondern es auch einer breiteren Konsumentenschicht erleichtern, die „bessere" Wahl zu treffen.

Vom Schein zum Sein

Der Blick ist differenzierter geworden, die Konsumenten kennen mittlerweile die Spielregeln von Wirtschaft und Medien – und sie beteiligen sich daran. Nicht mehr der Konsum als solcher ist „böse", sondern allenfalls bestimmte Angebote, die auf Grund des wesentlich gestiegenen Wissensstands über die Zusammenhänge und Herstellungsbedingungen als Einzelfall bewertet werden. Bei den Vertretern der „Next Economy", wie sie sich in Medien wie *Brand eins* oder dem amerikanischen Magazin *Fast Company* zu Wort melden, sind philosophische Begrifflichkeiten wie Sinn oder Haltung zum integralen Bestandteil der Ökonomie geworden. Nach der New Economy, die in ihren besten Vertretern über die Geldgier der Mehrheit hinaus vor allem für die Flexibilisierung und Dynamisierung der Wirtschaft gesorgt hat, wird in der Next oder auch Real Economy genannten Phase die Frage nach der gesellschaftlichen Bedeutung des unternehmerischen Tuns zu einem ganz natürlichen Teil der Betriebswirtschaft.

Eine gute Bewertung (etwa durch eine Rating-Agentur wie Oekom Research) liefert nicht nur den Nachweis einer weißen Weste, sondern auch einen Indikator für den langfristigen Gesamterfolg des Unternehmens. Wer in Umwelt und Sozialem gut ist, der ist es nicht nur dort. Qualität ist nicht teilbar, und wer gute Lebensmittel möch-

Acurio und Diego Oka Hosaka am ganzen Kontinent bekannte Küchenstars hervorgebracht hat. Das Kochvergnügen scheint aber die gesamte Bevölkerung zu teilen – Kochsendungen haben in Peru Einschaltquoten wie Fußballländerspiele. Was uns nach Südafrika bringt: Befeuert durch die WM 2010 macht sich nun auch das südliche Afrika daran, seine historisch gewachsene Fusionsküche auf internationales Niveau zu heben. Man wird sehen, aber man sollte auch die Zeichen sehen: Zumindest im kulinarischen Bereich hat sich die Utopie einer gemeinsamen Welt, in der alle gegenseitig voneinander profitieren, erhalten und sich die Überzeugung durchgesetzt, dass globale Kooperation, Austausch und gegenseitige Inspiration und Unterstützung zu hervorragenden Ergebnissen führt. Und die Küchen sind oft die Vorboten für zukünftige Entwicklungen in anderen gesellschaftlichen und politischen Bereichen.

te, der möchte auch „gute" Produktionsbedingungen, eine „gute" Klimabilanz und einen fairen Handel, weltweit und in der unmittelbaren Umgebung, d. h. Feinkostgeschäfte und Supermärkte, die bei der Auswahl ihres Sortiments auf Nachhaltigkeit (wie etwa der Schweizer Handelsriese Coop bei der Beschaffung seines Fischangebots), sowie auf die Arbeitsbedingungen seiner internationalen Zulieferer und Produzenten achten und ihre Überschüsse karitativen Einrichtungen (wie etwa der Wiener Tafel) zur Verfügung stellen.

Weltwandel durch Unternehmenswandel

Das liegt vor allem auch am Generationenwechsel. In den meisten Firmen, die im Wirtschaftswunder gegründet wurden und seither gewachsen sind, übergibt der Inhaber nun an einen Nachfolger. Gerade im starken Mittelstand findet eine durchgreifende Verjüngung der Führungspositionen statt. Was in den Konzernen schon vor einigen Jahren begann, setzt sich nun auch hier fort. Die Generation der Baby-Boomer, aufgewachsen mit der Liberalisierung, der Individualisierung, dem Wohlstand und der sexuellen Revolution, nimmt in den Chefsesseln Platz. Diese Generation sucht Selbstverwirklichung statt patriarchalischer Macht. Ob das Vereinbarungen mit der Arbeitnehmerschaft sind oder Public Private Partnerships, der Stiftungsboom oder das öffentliche Bekenntnis der Wirtschaftsbosse zu klassisch weichen Werten, mehr und mehr sind in unseren Unternehmen Chefs am Werk, die nicht mehr stur nach Pflichterfüllung, sondern auch nach dem Sinngehalt ihres Tuns fragen.

Klar, dass dieser Einstellungswandel sich irgendwann auch auf die Produkte niederschlägt. Gerade in der Lebensmittelbranche (mit ihrem immer noch hohen Anteil an Klein- und Mittelbetrieben) ist mit dem Generationswechsel ein merkbarer Trend zur umfassenden Qualitätssteigerung unübersehbar. Was – insbesonders im deutschsprachigen Raum – zunächst beim Wein begonnen hat, setzt sich mittlerweile auch bei Fleisch- und Wurstproduzenten, Chocolatiers, Käseproduzenten etc. immer mehr durch. Die von Konsumenten und Konsumentenschutzorganisationen geführten Debatten um Tierversuche und Kinderarbeit stoßen deshalb auf fruchtbaren Boden, weil bei diesen „neuen" Unternehmern eben genau die gleichen Einstellungen über Produktqualität, Menschenrechte und die sozialen Kosten des Gewinnstrebens vorherrschen.

„Das hervorstechendste Merkmal dieses aufgeklärten Kapitalismus", schreibt David Brooks in seinem Buch *Die Bobos – Der Lebensstil der neuen Elite*, „ist sicherlich, dass er Profit mit progressiven Motiven verknüpft. Man kann den Regenwald retten, den Treibhauseffekt lindern, indianische Traditionen erhalten, bäuerliche Familienbetriebe unterstützen, sich für den Weltfrieden einsetzen – und das alles, ohne sich weiter von zu Hause weg zu bewegen als bis zu den Kühlregalen des nächsten Einkaufszentrums. (...) Zwar macht sich jeder über die Auswüchse dieses sanften Kapitalismus lustig – wie über die probiotische Zahnpasta, die keine Bakterien tötet, sondern sie nur zum Gehen auffordert – und dennoch fühlen sich viele gebildete Leute zu Unternehmen hingezogen, die ihre Wertvorstellungen teilen." BROOKS 2002

Zum Beispiel der Schweizer Handelsriese Coop, der bei seinen Fischprodukten seit einigen Jahren mit dem WWF kooperiert und sein Sortiment nach den Empfehlungen der internationalen Naturschutzorganisation korrigiert. Coop unterstützt auch das Frutiger Bio-Stör-Projekt aus den Alpen, das sich als höchst innovatives Unternehmen in Sachen Nachhaltigkeit, Umweltschutz und Artenerhaltung erweist. Die Warmwasserzuchtbecken werden ohne zusätzlichen Energieaufwand und mit ökologischem Zusatznutzen aus der Drainagierung des Lötschbergtunnels gespeist. Auf diese Weise gelangt das warme Bergwasser nicht direkt in die kalten Bergbäche (wo es das ökologische Gleichgewicht stören würde), sondern erst nachdem es in den Zuchtbecken auf natürliche Weise abgekühlt wurde.

Konsumklimawandel?

Während Fairtrade- und Bioprodukte mittlerweile schon von einer großen Mehrheit der Bevölkerung positiv beurteilt werden und zumindest partiell konventionellen Produkten vorgezogen werden, spielt der Klimaschutz bei Kaufentscheidungen für Lebensmittel noch eine relativ geringe Rolle. Das liegt nicht nur am noch fehlenden Bewusstsein, sondern primär an mangelnden Informationen. Laut einer aktuellen Studie der Prognos AG im Auftrag der deutschen Bundeszentrale Verbraucherverband glauben derzeit nur 47 Prozent der Befragten, dass sie über eine „klimafreundliche Ernährung" wirkungsvoll zum Klimaschutz beitragen können. Und dies obwohl die europäischen Bürger den Klimawandel für eine ebenso große Bedrohung halten wie die Wirtschaftskrise.

Die große Mehrheit der Befragten (86 Prozent) kritisiert jedoch, dass vergleichbare Herstellerinformationen zu den Klimawirkungen einzelner Lebensmittel sowie generell verständliche Informationen zu den Klimawirkungen von Lebensmitteln fehlten. 83 Prozent bemängeln, dass nicht erkennbar ist, welche Lebensmittel klimafreundlich produziert werden und fast ebenso viele glauben, dass die Lebensmittelhersteller noch zu geringe Anstrengungen unternehmen.

83 Prozent der Befragten wünschen sich die Einführung einer Kennzeichnung mit Hinweisen auf die Klimawirkung von Lebensmitteln. Immerhin 48 Prozent geben an, es würde ihnen leicht fallen, ihre Ernährung für den Klimaschutz umzustellen. Dass dies durchaus Sinn machen würde, wird klar, wenn wir uns vor Augen halten, dass bis zu 20 Prozent der Treibhausgase auf das Konto unserer Ernährung gehen: industrialisierte Landwirtschaft, globale Lebensmitteltransporte (vor allem mit dem Flugzeug), nicht-saisonale Obst- und Gemüseproduktion in geheizten Glashäusern sowie die weltweit rapid wachsende Nutztierhaltung tragen mittlerweile mehr zur Erderwärmung bei als der private PKW-Verkehr VGL. VERBRAUCHERZENTRALE BUNDESVERBAND 2008, S. 85 FF. Nicht zuletzt heizen auch die High-Tech-Küchengeräte in den Haushalten und in der Gastronomie den Stromverbrauch an, um alle Pizzas, Chateaubriands, Chop Sueys und Wiener Schnitzel rund um den Globus alltäglich gar zu kriegen.

Die Zukunft kommt unter die Haube

Das lässt naturgemäß auch die Spitzenköche dieser Welt nicht kalt: Im Vorfeld des Klimagipfels in Kopenhagen versammelte daher der Shooting-Star der nordischen Küche, Noma-Chef Rene Redzepi, Kollegen aus aller Welt in seinem Restaurant, um symbolträchtig kulinarische Wege für eine nachhaltige, ökologische Gourmet-Zukunft zu erproben.

Die mit insgesamt zwanzig Michelinsternen dekorierten elf Köche verbrachten zwei Tage zum intensiven Gedankenaustausch in Dänemark, um am Abschlussabend gemeinsam ein „klimafreundliches" Menü in elf Gängen zu bestreiten.

Die essbaren Antworten auf den Klimawandel, die an diesem Abend präsentiert wurden, fielen – getreu dem Event-Motto „Cook it Raw!" – erwartungsgemäß ziemlich „natürlich", sprich kaum verarbeitet aus. Die Induktionsherdplatten, die Dampf- und Vakuumgaren blieben meist genauso ungenützt wie die Salamander, Pacojets und was heute sonst noch alles zum Techno-Park der Topgastronomie zählt. Schließlich galt es, so Redzepi, herauszufinden, wie eine moderne Ernährung unter ökologischen Gesichtspunkten, „wie Kreativität aussehen kann, wenn der ganze Technik-Klimbim einmal ausgeklammert bleibt."

Um es gleich vorwegzunehmen: Die Ehrfurcht vor dem rohen Naturprodukt und die an diesem Abend zelebrierten (Nicht-)Kochtechniken führten – wie von avancierten Küchenavantgardisten kaum anders zu erwarten – zu ziemlich exaltierten Ergebnissen: Davide Scabin vom Turiner Experimentalküchentempel Combal.Zero arbeitete sich stundenlang an einer Rindsschulter ab, um aus dem billigen, schwer zu verarbeitenden Stück Fleisch ein Tartare zu zaubern, das es – um den geladenen Gourmetkritikern zu glauben – locker mit einem teuren Tartare aus feinen Filetstücken aufnehmen konnte. Iñaki Aizpitarte, der baskisch-französische Küchenchef des Pariser Le Chateaubriand, servierte roh aus dem Panzer gebrochene Hummerzangen mit Waldsauerklee und einer Creme aus roher Taubenleber. Und Massimo Bottura, der italienische Techno-Kitchen-Guru aus Modena, kreierte sein Gericht gleich als essbares Mahnmal gegen die industrielle Überfischung und den ökologischen Tod der Meere, das nicht nur den Klimawandel selbst thematisierte, sondern auch dessen Ursache: unseren unbedachten Umgang mit natürlichen Ressourcen.

„Umweltverschmutzung" betitelte er – kulinarisch nicht gerade anregend, aber kongenial an die Tradition der Konzeptkunst anknüpfend – sein Gericht aus rohen Austern und Algenpüree mit Quallen, Seetang und Leber vom Seeteufel: Eine kalte, zart gelierte Suppe, die optisch an Brackwasser erinnert, wie man es aus großen Häfen kennt, bis hin zum giftigen Industrieschaum, der sich in der Tat freilich als wohlschmeckender Espuma von hocharomatischen Amalfi Limonen entpuppte.

„Rohe oder fast rohe Lebensmittel zu essen ist kein Trend, es ist der politisch korrekte Weg aus dem ökologischen Dilemma", kommentierte der italienische Konzeptkoch seine Kreation mit nicht geringerer verbaler Verve: „Wir sind dazu verpflichtet, wilde und natürlich gewachsene Lebensmittel richtig zu verwenden und das heisst vor allem, sie nicht durch schlechte Zubereitungstechniken zu verderben. Energie sparen und den puren Geschmack natürlicher Produkte zu würdigen ist das Gegenmittel zur verheerenden ökologischen Situation unseres Planeten und zeigt uns einen Weg in die Zukunft."

ZIT. NACH CAPALBO 2009

Irrwege und Auswege

Brave New World! Wenn *eating raw* die einzig politisch korrekte Annäherung an das ökologische Dilemma sein soll, wird „klimafreundlichem" Essen wohl kein durchschlagender Erfolg beschieden sein. Auch wenn das anglo-amerikanische Gastro-Feuilleton den neuen *super natural style* in alle Himmel lobt. Freilich, dass eine Küche, die das Prinzip Nachhaltigkeit in erster Linie mit der Suche nach dem nächsten kulinarischen Kick für verwöhnte Gourmets zu verbinden suchte, noch keine neue, allgemeinverbindliche Kochära einleitet, sollte uns auch nicht wirklich überraschen. Die hinter dem Event stehende Grundidee aber taugt durchaus dazu, die Praxis in unseren Küchen kritisch zu hinterfragen. Der Anspruch nämlich lautete nicht „Zurück zur Natur", sondern mit der Natur vorwärts zu gehen. „Das bedeutet," so Iñaki Aizpitarte, „mehr auf Herkunft, Frische, Qualität und den ureigenen Geschmack der Zutaten zu fokussieren als auf Zubereitungstechniken und Küchentechnologien." ZIT. NACH CAPALBO 2009

Wie das auch mit ganz „normalen" Ausgangsprodukten zu virtuosen Ergebnissen führen kann, zeigte Gastgeber Rene Redzepi mit seinem Eröffnungsgang: „Junges Gemüse", so schwärmte der österreichische Gourmetkritiker Severin Corti, „so überraschend und eingängig präsentiert, dass der kleine Gang längst zum *signature dish* dieses so außergewöhnlichen Restaurants wurde. Es wird in einem Blumentopf aufgetragen, bei dem oben ein paar Radieschen und Karotten samt Grün und die eine oder andere Spargelspitze aus der Erde schauen. Aber was für Radieschen! Und was für Erde! Die schwarzen Brösel sind eine Mischung aus Nüssen und gemälztem Getreide, die bei kontrollierter Temperatur erst getrocknet, dann geröstet wird: kraftvoll, knusprig, süß und von zarter Bitternis – ganz was Neues. Darunter ist eine tiefgrüne Emulsion aus kaltgepresstem Rapsöl und Kräutern versteckt, die mit dem Gemüse aufgetunkt wird, wobei ordentlich Röstknusper hängenbleibt – eine einfache Idee, amüsant und virtuos ausgeführt." CORTI 2009

Die Treibhausfalle

Auch weniger virtuos ausgeführt kann klimafreundliches Essen gut schmecken: Das beginnt beim bewusst saisonalen Konsum etwa von Freilanderdbeeren und -tomaten, die sonnenverwöhnt einfach besser schmecken als aufgepäppelte Winterware aus dem Treibhaus. Zugleich enthalten reife, frisch geerntete und verzehrte Früchte die volle Dichte an Vitaminen und Mineralstoffen. Fürs Klima ist der Unterschied gigantisch: Eine im Winter gezüchtete Treibhaustomate verursacht mehr als hundert Mal so viele Klimagase wie eine unter freiem Himmel rot gewordene Kollegin - und das alles auch noch bei deutlich reduziertem Geschmack.

Wer nicht so lange warten will, bis Bohnen, Tomaten oder Erdbeeren bei uns reif sind, sollte lieber zu Freilandware aus Spanien oder Italien greifen als zu Obst und Gemüse aus beheizten Gewächshäusern. Was allerdings um die halbe Welt reist, bevor es bei uns im Supermarkt landet, muss meist relativ hart und grün geerntet werden, damit es nicht matschig bei uns ankommt. Zum Teil werden die Früchte dann noch künstlich nachgereift, bevor sie zum Verkauf angeboten werden können. Den Geschmack verbessern solche Prozeduren natürlich nicht. Und der lange Transportweg – vor allem per Flugzeug – verschlechtert die Chancen für den Klimaschutz zusätzlich.

Wer beim Einkauf zu Bioobst und -gemüse greift, verzichtet nicht nur auf einen häufig mitgelieferten Pestizidcocktail. Er entscheidet sich auch für den Klimaschutz, denn Biobauern dürfen keinen mineralischen Stickstoffdünger und keine chemisch-synthetischen Pestizide einsetzen, deren Herstellung mit hohen CO_2-Lasten befrachtet ist. Ob Biofleisch dem Klimaschutz mehr dient als konventionelle Ware ist dagegen umstritten. Unzweideutig dagegen ist, dass Biotiere ein wesentlich besseres Leben haben als ihre konventionell gehaltenen Artgenossen. Sie bekommen vielfältigeres und eher heimisches Futter und haben mehr Auslauf. Vor allem die industrielle Herstellung von mineralischen Stickstoffdüngern, die in der konventionellen Landwirtschaft für den Anbau von Futterpflanzen benötigt werden, schlägt dabei zu Buche. Aufgrund der bei Bio vorgeschriebenen flächengebundenen Tierhaltung (nur eine bestimmte Anzahl von Tieren pro Hektar) ist die Düngung mit Stallmist und Gülle eingeschränkt, der Ausstoß von Lachgas (das fast 300-mal klimaschädlicher ist als CO_2) als Abbauprodukt von mineralischen und organischen Stickstoffdüngern im Öko-Landbau daher geringer HAAS 2001.

Klimakiller Fleisch

Ob bio oder konventionell: Insgesamt verursacht die Fleischproduktion den größten Anteil an Emissionen (insbesondere Methan, CH_4 und Lachgas, N_2O) und ist in der heutigen Größenordnung auch sonst ökologisch und sozial der wohl problematischste Punkt unserer westlichen Esskulturen. Nach einer aktuellen Studie der FAO produziert die weltweite Viehhaltung rund 18 Prozent der globalen Treibhausgase – dies ist mehr als alle Transporte zusammen verursachen.

Die Energiebilanz der Fleischproduktion ist auch aus einer anderen Perspektive miserabel. Für die Erzeugung von einem Kilo Rindersteak braucht es rund acht Kilogramm Getreide. Da die Tiere die Nährstoffe aus den Futtermitteln größtenteils für ihren eigenen Stoffwechsel verwenden, haben wir es dabei mit hohen sogenannten „Veredelungsverlusten" zu tun.

Würden viele ihre Ernährungsgewohnheiten entsprechend umstellen, d. h. würden wir insgesamt weniger Fleisch essen, und dieses mehr nach qualitativen Kriterien auswählen statt bloß auf den Preis zu achten, würde das nicht nur unseren Gaumen erfreuen und unserer Gesundheit gut tun. Der Großteil der in Europa gehaltenen

Nutztiere könnte in der Folge auch ohne Futtermittelimporte aus Übersee versorgt werden, die einen nachhaltigen Einfluss auf die weltweite Agrarstruktur und die Lebensmittelversorgung in der Dritten Welt haben. Weil Futter für den Export anzubauen oft mehr Geld bringt als die eigene Bevölkerung mit Lebensmitteln zu versorgen, pflanzen die Bauern in vielen Ländern Soja und Mais an und verkaufen ihn nach Europa und in die USA. Das heißt nicht, völlig auf Fleisch und Milchprodukte verzichten zu müssen. Zwei Drittel der weltweiten landwirtschaftlichen Nutzflächen (in Deutschland zirka ein Drittel, in Österreich knapp 45 Prozent) sind Weideland und große Teile davon können gar nicht in Ackerland umgewandelt werden.

Die Klimakiller

Anteil am Teibhauseffekt im Bereich Ernährung

8 %	Erzeugung pflanzlicher Lebensmittel
29 %	Verbraucheraktivitäten
8 %	Handel/Transport
6 %	Verarbeitung (Industrie/Handwerk)
44%	Erzeugung tierischer Lebensmittel

QUELLE: ENQUÊTE-KOMMISSION DES DEUTSCHEN BUNDESTAGES
„SCHUTZ DER ERDATMOSPHÄRE" 1994

Veränderung ist ein Genuss

Freilich, ohne explizit kulinarische Genussperspektiven wird sich nur eine verschwindende Minderheit zum klimafreundlichen Essen bewegen lassen. Verbraucher definieren ihre Konsumbedürfnisse mehr und mehr über einen persönlichen Nutzen, fordern aber dabei gleichzeitig eine Werte-Komponente ein. Diese Entwicklung wird zum integrativen Bestandteil des Konsumalltags werden.
Wenn man die Bedeutung und den Einfluss von Trends bloß an der Aufmerksamkeit misst, der ihnen in den Medien entgegengebracht wird, dann liegt „klimafreundliches Essen" allerdings schon jetzt voll im Trend. Wissenschaftliche Studien und einschlägige Websites (*www.verbraucherfuersklima.de*, *www.eaternity.ch*), die die Rolle unserer Ernährung für die Treibhausgasemission thematisieren, boomen ebenso wie Kochbücher und Verbraucherratgeber (wie das von der BUNDjugend herausgegebene *Klimakochbuch* oder Bettina Goldners *Umweltfreundlich vegetarisch. Genussrezepte mit CO_2-Berechnungen*), die mit praktischen Tipps ein klimafreundlicheres Essen proklamieren. Was sich jedoch in den heimischen Küchen und Gastronomiebetrieben tatsächlich abspielt, lässt sich daraus kaum schließen. Wissenschaftlich begleitete Pilotprojekte wie an der ETH Zürich mit „CO_2-

optimierten Mittagsmenüs" in der Mensa („Weniger CO_2, 100% Geschmack") WWW.ECOWORKS.ETHZ.CH, die pro Verkauf im Durchschnitt 670g CO_2-Äquivalent einsparen, lassen eher darauf schließen, dass eine die Treibhausgasemission berücksichtigende Ernährungsform bei den Konsumenten noch nicht wirklich angekommen ist.

Denn die Tatsache, dass Ernährung in Deutschland an die 20 Prozent der gesamten (bzw. mehr als 30 Prozent der konsumbedingten) Treibhausgase verursacht, als Problem wahrzunehmen ist eine Sache (und hier haben diverse wissenschaftliche und zivilgesellschaftliche Initiativen wichtige Aufklärungsarbeit geleistet bzw. noch zu leisten), das individuelle Essen klimafreundlich zu gestalten eine andere. Und zwar vor allem deshalb, weil es für die einzelnen Verbraucher im Alltag einen nicht geringen Aufwand bedeutet die Ernährung konsequent darauf einzustellen.

Treibhauseffekt Konsumgüter

Die CO_2-Sünder

31,1%	Ernährung
9,1%	Restaurants
23,6%	Wohnen
18,5%	Verkehr
6,0%	Freizeit
2,4%	Kleider
2,1%	Gesundheit
2,0%	Kommunikation
5,2%	Sonstige

QUELLE: WWW.EATERNITY.CH

Klimakennzeichnung auf Lebensmittelverpackungen, wie sie derzeit in Schweden getestet werden oder das britische Handelsunternehmen Tesco anbietet, sind (noch) umstritten, für den Durchschnittsverbraucher vor allem aber schwer verständlich und werden in Deutschland und Österreich aufgrund der Widerstände aus großen Teilen der Lebensmittelindustrie noch auf sich warten lassen, auch wenn sie ein wichtiger Beitrag zur ernährungsbedingten Emissionsreduktion wären: Allein eine Deklarationspflicht würde – das zeigen Erfahrungen bei anderen Produktdeklarationen – den Anteil an Lebensmitteln, deren Produktion überdurchschnittliche Treibhausgasemissionen mit sich bringt, reduzieren. Insbesondere Hersteller von Bio-Produkten können durch entsprechende Angaben ihren USP weiter schärfen und ihr Profil als nachhaltige Produzenten stärken.

Gleichwohl kann auch schon die Orientierung an groben Grundregeln nachhaltige Klimaeffekte erzielen und zugleich ein gesünderes Essverhalten bewirken. Denn zwischen gesunder und klimafreundlicher Ernährung bestehen deutliche Parallelen, auch wenn dies nicht für jedes einzelne Lebensmittel gilt – z. B. für Reis (bei dessen Nassanbau beträchtliche Mengen Methan entstehen). Die wichtigsten Grundregeln lauten:

1. Mehr pflanzliche statt tierische Lebensmittel
2. Mehr saisonales Obst und Gemüse aus dem Freilandanbau
3. Mehr frische und regionale Produkte statt Tiefkühlware
4. Insgesamt weniger kaufen und nachhaltiger haushalten

Denn ein Viertel der eingekauften Lebensmittel – bei deren Produktion etwa 15 Millionen Tonnen CO_2 freigesetzt werden – werden in Westeuropa wieder weggeschmissen. Allein in Österreich landen laut einer Studie der Universität für Bodenkultur Wien jedes Jahr bis zu 166.000 Tonnen Lebensmittel im Restmüll. Viele dieser Speisen wären aber noch genießbar gewesen. Mit ein Grund für diese Verschwendung ist die oft verwirrende Haltbarkeitsbezeichnung auf den Verpackungen, aber auch die kontraproduktive Praxis, große Mengen zu günstigeren Preisen anzubieten, die viele Konsumenten dazu verleitet, mehr zu kaufen als sie tatsächlich brauchen.

Wandel, wie er im Buche steht

Gute Ökokochbücher enthalten daher nicht nur brauchbare Angaben über die Emissionen, die die Herstellung bestimmter Lebensmittel verursacht, sondern vor allem praktische Tipps zur ernährungsbezogenen Haushaltsökonomie. Sie leisten einen wichtigen Beitrag zur Bewusstseinsbildung, können aber nicht jene Effekte erzielen, die die Industrie und Systemgastronomie mit einer Umstellung auf klimafreundliche Produktion und Serviceleistungen bewirken können.

Konsequent klimafreundliche Kriterien bei der Menüzusammenstellung lassen sich nämlich in der Systemgastronomie, in der bis ins Detail geplante Einkaufs- und Zubereitungsverfahren vorherrschen, viel leichter umsetzen; vor allem aber auch durch Optimierung des Service, durch flexiblere Reaktion auf Kundenwünsche: Menüs in unterschiedlichen Portionsgrößen für den unterschiedlich großen Hunger und die unkomplizierte Möglichkeit, eine Speise mit jemandem anderen zu teilen, sowie spezielle Angebote für Frauen, deren Geschmacksvorlieben ohnehin tendenziell „klimafreundlich" sind. Meist reicht da eine andere Gewichtung zwischen Fleisch- und Gemüseanteile eines Gerichts.

Wenn – wie nach einer aktuellen Eurobarometer-Umfrage 2009-08-04 – 63 Prozent der Österreicher den Klimawandel und 67 Prozent Armut und Trinkwassermangel für eine große Bedrohung halten (das sind deutlich mehr als die 41 Prozent, die die Wirtschaftskrise bedrohlich finden), und wir nicht mehr darüber hinweg sehen können, dass die Bereitstellung unserer Lebensmittel erheblich am Anstieg des Treibhauseffekts beteilt ist, dann scheint das Bewusstsein, dass wir mit einer Änderung unseres Ernährungsstils zum Klimaschutz beitragen können und damit auch unsere eigene Gesundheit fördern, schon einigermaßen ausgeprägt zu sein.

Yes, we can

Fazit: Wir sind mehr Weltbürger denn je, die Distanz zu anderen Kulturen hat sich enorm verringert. Das Fremde liegt heute nur einen Klick entfernt vom Gewohnten, Vertrauten. Daraus erwachsen neue Chancen und neue Pflichten: Die universelle Sorge um den Anderen, die Achtung vor den kulturellen Unterschieden und die gemeinsame Anstrengung unsere Umwelt und Biodiversität zu erhalten. Mit einer bewussteren Ernährung und für eine bessere weltweite Esskultur.

Food Change: Zukunftsmenü 5

Die Globalisierung macht uns die Welt schmackhaft. In Zukunft wird die Weltküche auch mit Weltverantwortung serviert:

Konsumenten ...

... haben internationale Gerichte und Spezialitäten auch in ihren Essalltag einbezogen

... lieben auch exotische Früchte, Geschmäcker und Konsistenzen

... interessieren sich für die Geschichte der Gerichte und für deren Ausgangsprodukte

... wollen mehr Informationen über Herkunft, Herstellungs- und Transportbedingungen sowie zur Umweltbelastung von (exotischen) Lebensmitteln

... treffen ihre Kaufentscheidung verstärkt mit globaler Verantwortung (Fair Trade, CO_2-Äquivalent) und sind bereit, für „gute" Produkte auch faire Preise zu bezahlen

Produzenten und Handelsunternehmen ...

... bieten ein immer breiteres, internationales Sortiment an Ausgangsprodukten und Spezialitäten

... setzen vermehrt ihre Qualitäts- und Sicherheitsstandards auch auf internationaler Ebene durch

... arbeiten aktiv mit Umweltschutzorganisationen zusammen, um ihr Sortiment nach ökologischen Kriterien zu optimieren

... setzen auf neue, offensive Herkunftskennzeichen und fahren gut mit offener und ehrlicher, Vertrauen erweckender Kommunikation

... erleben die Zweiteilung des Markts in „gute" und „böse" Akteure (z. B. Fisch aus biologisch bewirtschafteter Aquakultur versus Fisch aus Wildfang, Fair Trade versus anonyme Produkte)

Gastronomen ...

... entdecken die kulinarischen Möglichkeiten einer globalisierten Esskultur

... lassen sich auch bei traditionellen Speisen für neue, gesündere Zubereitungsarten und Variationen inspirieren

... finden in Kindern eine neue kritische Kundschaft, die ihre Geschmacksvorlieben, Gesundheitsbedürfnisse und ihre Neugierde berücksichtigt sehen will

... legen verstärkt Rechenschaft über ihre Produkte und Lieferanten ab

... sind mit wachsenden Ansprüchen ihrer Gäste konfrontiert, die auf Reisen ihren Gaumen geschult haben

Politiker ...

... unterstützen den wachsenden Ethik-Konsum durch steuerliche Begünstigungen für ökologisch, klimaschonend und fair produzierte und gehandelte Lebensmitteln

... beschließen verbraucherfreundliche, verbindliche Kennzeichnungsregelungen für Lebensmittel

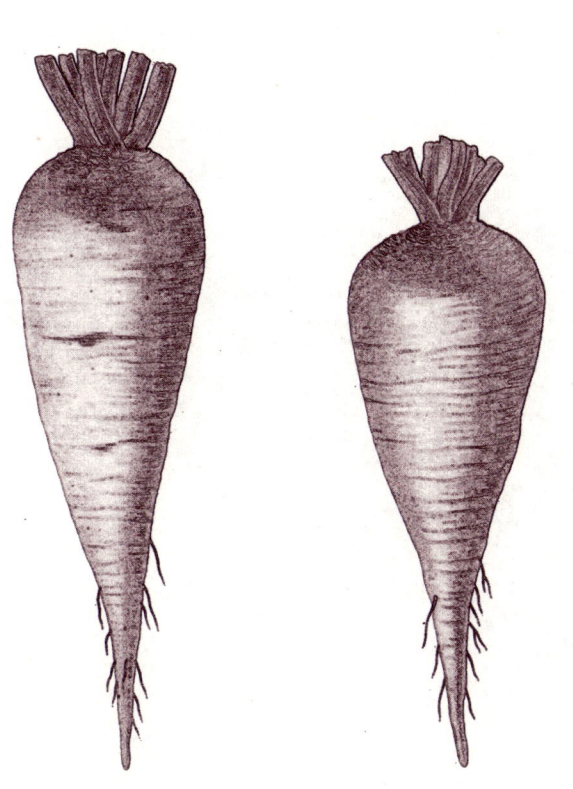

Einfach besser

In Zukunft bietet Convenience Food neben Zeitgewinn
auch Sinn- und Genussgewinn.

Relativ wenig.

Albert Einstein, Erfinder der Relativitätstheorie,
auf die Frage eines Journalisten,
wie viel Zeit er mit dem Haushalt verbringe.

*F*ür den Militärhistoriker John Corbury ist die Sache klar: Der Hauptgrund für den Aufstieg des Römischen Imperiums war weder die überlegene militärische Intelligenz, das berühmte Kurzschwert der Legionäre oder das Straßennetz, sondern etwas ganz anderes: Die Polenta. Denn Polenta war leicht und überallhin mitzunehmen, sie war schnell zubereitet und das ohne großen Aufwand, aber trotzdem mit vielen Variationsmöglichkeiten. Polenta hielt eine Armee auch unter schwierigsten logistischen Bedingungen sowie tief im Feindesland warm und satt – und damit in Kampfbereitschaft.

Schnelle Küche

Man könnte sagen, dass damit auch die Eigenschaften von modernem Convenience Food gut beschrieben sind. Und es ist keine wirklich mutige Behauptung, dass auch das „Reich der modernen Industriegesellschaft" seinen Aufstieg schnellen und überall verfügbaren Fertiggerichten bzw. „fast" fertigen Gerichten zu verdanken hat, die sich in einer hoch arbeitsteiligen, auf individuelle Flexibilität und Mobilität bauenden Ökonomie einfach als funktionaler erweisen als die zeitaufwendige bürgerliche Küche, die ohne feste Mahl-Zeiten kaum denkbar ist.

Das belegen auch Studien zum Wandel der Zeitverwendungsmuster. Allein von Mitte 1960 bis Ende 1980 ist der Zeitaufwand für die Mahlzeitenzubereitung an Werktagen von 59 auf 33 Minuten gesunken LÜDTKE 1995, S. 118FF. Heute verbringen etwa 70 Prozent der Deutschen zwischen 18 und 65 Jahren täglich maximal bis zu einer halben Stunde in der Küche KOCHREPORT BRAUN 2006. Nur bei knapp 10 Prozent sind es mehr als 1,5 Stunden.

In anderen Worten: Heute werden für die Zubereitung einer Mahlzeit im Schnitt werktags bloß 29 Minuten aufgewendet, knapp ein Drittel schafft dies auch schon in 15 Minuten. Das Alltagskochen soll möglichst rasch, einfach und bequem umsetzbar sowie optimal mit anderen, täglich anfallenden Aufgabenstellungen kombinierbar sein. Im Schnitt kommt ein Durchschnittshaushalt mit Geschirrspülen,

LEITIDEE 6 : EINFACH BESSER

Reinigen und Instandhalten, Einkaufen und Besorgungen machen im Schnitt auf eine bis eineinhalb Stunden pro Tag. Am meisten Zeit fürs Kochen wenden Ehepaare ohne Kinder (1h 43min), am wenigsten Alleinerziehende (1h 9min) auf BLANKE ET AL. 1996: 73FF.

Das Bedürfnis, für die Zubereitung des Essens wenig Zeit zu benötigen, ist ein Schlüsselmerkmal unseres modernen Lebens und an diesem Bedürfnis wird sich auch in Zukunft nichts ändern.

Die Frage aber ist: Ist uns das in Zukunft auch genug?

Ursprung Straßenküche

Als das antike Rom auf dem Höhepunkt seiner Macht war, lebten viele seiner Einwohner in so genannten Insulae, in Appartmentblöcken ohne Küche. Ihr fertig gekochtes Essen brachten sie von einer der vielen Marktbuden mit nach Hause, weil die hohen Kosten für Wohnraum und Brennmaterial diese Art der Nahrungsaufnahme effizienter machten.

Aus ähnlichen Gründen haben sich bis heute in vielen Regionen Asiens die kleinen Streetkitchen erhalten. Wegen der hohen Preise für Holz, das man für die Befeuerung der Öfen braucht, muss die Garung schnell und effektiv erfolgen, und der Wok ist dafür die ideale Lösung: Zentrale Hitze plus kleinteilig vorbereitete Ausgangsprodukte ermöglichen eine À-la-Minute-Küche, die in kurzer Zeit und mit relativ wenig Energieaufwand viele Portionen produzieren kann. Und da meist keine Lagermöglichkeiten bestehen, werden die Ausgangsprodukte täglich morgens frisch am Markt gekauft und dann verarbeitet – frischer, leichter, farbenfroher und vielfältiger geht's nicht! Zudem erkennt man mit freiem Auge, was man isst, ohne Zutatenlitaneien auf Verpackungen lesen zu müssen.

In Europa und den USA freilich verstehen wir unter Produkten für schnelles Essen geradezu das Gegenteil: Convenience, das meint vor allem Essen aus Dosen und Gläsern, Tüten und Tiefkühlpackungen, nicht frische, sondern durch Dehydrieren, Erhitzen unter Verwendung von Konservierungsstoffen und Schockgefrieren haltbar gemachte Fertig- und Halbfertigprodukte, die kurz angebraten, mit heißem Wasser aufgegossen, im Backofen oder der Mikrowelle erwärmt ohne viel Aufwand oder – wie im Falle vieler Desserts – direkt aus der Verpackung zu essen sind.

Die Geburtsstunde des industriellen Convenience Foods liegt zirka 200 Jahre zurück, als in England und Frankreich basierend auf den Erfindungen des französischen Konditors Françoise Nicolas Appert und des englischen Ingenieurs Bryan Donkin die ersten Konservenfabriken entstanden und sich rasch – beflügelt vor allem durch die

Versorgungsbedürfnisse der Armeen und die Einführung des Auto-
klaven zur Sterilisation – auch im übrigen Europa verbreiteten.

Bis zur Marktreife des ersten kompletten Fertigmenüs, eines tiefge-
kühlten Drei-Komponenten-Gerichts, das Gerry Thomas 1954 für
das amerikanische Unternehmen Swanson & Sons erfand und das
vom Endverbraucher nur mehr erwärmt werden musste, sollten

Ganz schnell: Die Geschichte des Fast Food

1812: Eröffnung der ersten Konservenfabrik / England
1843: Jakob Christoph Rad erfindet den Zuckerwürfel / Böhmen
1847: Die Firma Fry entwickelt die erste Schokolade in festem Zustand /
Bristol
1847: Justus von Liebig erfindet den Fleischextrakt / Deutschland
1851: Jacob Fussel eröffnet die erste Speiseeisfabrik / USA
1867: Erfindung der „Erbswurst" / Berlin
1875: Erfindung der Milchschokolade / Schweiz
1878: Ketchup wird von Harry Heinz erstmals industriell hergestellt / USA
1880: Die Produktion von Knorr-Suppen beginnt / Deutschland
1886: Maggi's flüssige Speisen- und Suppenwürze kommt auf den Markt /
Schweiz
1894: John Harvey Kellogg erfindet die Corn Flakes / USA
1902: Eröffnung des ersten Automatenbuffets / Philadelphia
1908: Maggi's Rindsuppenwürfel kommt auf den Markt / Schweiz
1919: Der erste elektrische Toaster mit Zeitschaltung wird patentiert / USA
1925: Walter Becker erfindet die erste künstliche Wursthaut / Hamburg
1935: Günther Malyoth erfindet die Alete Babynahrung / München
1938: Nestlé führt den Nescafé ein / Schweiz
1940: Die Gebrüder Dick und Mac McDonald eröffnen ihr Schnellservice-
Restaurant in San Bernardino / USA
1950: Kraft Deluxe process cheese slices: Der erste Scheiblettenkäse / USA
1954: Burger King wird gegründet / Florida
1955: Die erste McDonalds-Filiale eröffnet / Chicago
1958: Pizza Hut wird gegründet / Kansas
1960: [ca.] Das Fischstäbchen wird erfunden / Großbritannien
1962: Die Firma Naturin produziert die erste künstliche, verzehrfähige
Wursthaut / Deutschland
1964: Ferrero führt Nutella in Deutschland ein
1971: Die erste McDonalds-Filiale Deutschlands eröffnet / München
ab 1980: Nudeln und Fertigpesto erobern die schnellen Küchen
ab 1990: Siegeszug der Tiefkühlpizza (Höhepunkt 2008)
seit 1995: rasanter Anstieg der Frische-Convenience Chilled Food)

QUELLE: ERWEITERT NACH STUMMERER U. A. 2005

noch einmal knapp 150 Jahre vergehen. Dieses Fertiggericht der ersten Generation wurde bis zur Einführung der Mikrowelle in dafür
charakteristischen Aluminiumschalen verpackt. Unter dem Namen
TV-Dinner wurde das Produkt bereits im ersten Jahr ein durchschlagender Erfolg. Statt der erwarteten 5.000 Exemplare wurden 10 Millionen Einheiten verkauft. 1955 wurde das Pionier-Unternehmen

LEITIDEE 6 : EINFACH BESSER

von der Campbell Soup Company übernommen, deren Produkte dank Andy Warhol auch in die Kunstgeschichte eingegangen sind. Von der ersten Weißblechdose bis zum vakuumverpackten oder in Schutzgas eingeschweißten Chilled Food ebneten zahlreiche weitere Erfindungen den Weg für den durchschlagenden Erfolg von Convenience und Fast Food.

Die neuen Produkte wurden enthusiastisch als Fortschritt gefeiert. Und als die ersten Menschen mit den Apollo-Raketen zum Mond flogen, hob auch die Essphantasie der Zukunftsforscher ab: Wir würden Essen sicher bald nur noch in Form von Pillen zu uns nehmen, die klein, handlich und preiswert sein würden und für Stunden satt machen. Als Ableger des Astronautenessens galt Pillen- und Tubennahrung als Inbegriff unserer zukünftigen Ernährung, die uns Zeit für die angeblich wirklich wichtigen Dinge des Lebens sparen könnte.

Rückschritt Fortschritt

Der Irrtum dieser Utopie war, dass sie Schnelligkeit und Bequemlichkeit als die einzigen, für die Zukunft des Essens ausschlaggebenden Kriterien sah. Essen würde für die moderne Industriegesellschaft nur noch das sein, was Benzin für das Auto ist – Brennstoff. Heute hört sich das grotesk an, aber Convenience-Pioniere wie E. W. Williams, meinten es durchaus ernst: „Frische Produkte im Einzelhandel gehören der Vergangenheit an" WILLIAMS 1954. Und die Nahrungsmittelindustrie wurde über dieses industrielle, seelenlose Verständnis von Essen blind für das Bedürfnis der Menschen nach Geschmack, Genuss und „Seele" des Essens: „Planen Sie voraus, halten sie das Menü einfach, und" – so liest es sich konsequenterweise in einem „fortschrittlichen" amerikanischen Haushaltsratgeber aus dem Jahre 1950 – „verwenden Sie viele Produkte aus Dosen oder aus dem Tiefkühlfach." CHAPMAN 1950

Wenn wir nur mehr Nährstoffe, Kalorien und Vitamine wichtig nehmen und alle gustatorischen, sozialen und sinnlichen Aspekte des Essens ausklammern, dann würde es tatsächlich reichen ernährungsphysiologisch ausgeklügeltes Dosenfutter zu schlucken, – wie es die wissenschaftlich hochinnovative Tiernahrungsindustrie für unsere Katzen und Hunde produziert. Nicht wenige Convenience Produkte der ersten Generation, und manche Billigprodukte, die heute noch am Markt sind, kommen kulinarisch auch tatsächlich kaum über dieses Niveau hinaus. Imagemäßig sind sie daher in der Folge zum Arme-Leute-Essen geworden oder, noch schlimmer, das Angebot von Rabenmüttern an im Grunde bedauernswerte Kinder.

Allerdings: Was heute gerne als Fehltritt einer „profitgierigen Nahrungsindustrie" verteufelt wird, war und ist unbestritten ein Wunder an Fortschritt, der uns — allen gegenteiligen Vorurteilen zum Trotz — auch ein großes Stück Lebensmittelsicherheit und ein Plus an Hygiene gebracht hat, und vor allem für Frauen ein wirklicher Segen und ein Befreiungsschlag war; für kochtechnisch ahnungslose Singles mitunter sogar „lebensnotwendig".

Convenience ist nicht alles, aber ohne Convenience ist alles nichts

Mittlerweile hat sich das Angebot an Convenience Food — insbesondere in den letzten zwanzig Jahren — massiv vergrößert, vor allem aber auch qualitativ verändert. Die Bandbreite erstreckt sich von Fertigsuppen und -gerichten in Tüten, Dosen oder Alu-Schachteln, von getrockneten Nudeln und vorgekochtem Reis über gekühlte und tiefgekühlte Fertig- und Teilfertiggerichte bis hin zu Feinkost- und Frischsalaten sowie Snacks. Gekühlte Frischeprodukte, verzehrfertig aufbereitet, gelten in ganz Europa als richtungsweisendes Sortiment mit dem höchsten Umsatzpotential. Auch gekühlte, fertig zubereitete Fleischgerichte, Pizzas, Kartoffelspezialitäten und Komplettmenüs warten seit Jahren mit Wachstumszahlen auf. Der Anteil der „convenience-affinen Esser" GFK_STUDIE FOOD-TRENDS steigt nach wie vor. Galt vor zehn Jahren erst jeder fünfte Deutsche als „convenienceaffin", so kommen wir heute fast alle im Alltag kaum noch ohne diese essbaren Haushaltshilfen aus.

Selbst wenn wir regelmäßig kochen und hohe kulinarische Ansprüche haben: In irgendeiner Form landen Convenience-Produkte doch auf unseren Tellern — sei es in Form des gewaschenen, abgepackten Salats oder als frische Ravioli, die wir mit Pesto aus dem Glas als schnelles Mittagessen zu Hause oder in der Teeküche des Büros genießen; von manchem Hersteller in einer Qualität erzeugt, die den durchschnittlichen Trattoria-Koch vor Neid erblassen lässt. Meist jedoch kommt — ohne dass es die Gäste wissen — auch aus seiner Küche schon oft Convenience Food, denn der Zeit- und Personalfaktor spielt auch in der Gastronomie und vor allem im Großküchenbereich, in Betriebskantinen, bei der Schul- und Krankenhausverpflegung eine große Rolle. Dort ist Convenience längst Standard, dort geht es nicht mehr um das Für und Wider, sondern nur mehr um die Frage, in welcher Qualität Convenience Food angeboten wird.

Im privaten Bereich werden fertig zubereitete Produkte besonders von jüngeren, berufstätigen Konsumenten dankbar aufgenommen. Denn Convenience Food delegiert die Arbeit des Planens, Einkaufens und Zubereitens in die Hände der Lebensmittelindustrie. Und je höher in den jeweiligen Ländern der Anteil berufstätiger Frauen ist, desto höher ist folglich auch der Anteil an Convenience-Produkten im privaten Speiseplan. Die USA und Großbritannien sind dabei weltweit führend.

Da haben wir den Salat

So ist seit vielen Jahren etwa der Cesar Chef Salad der britischen Supermarktkette Waitrose in den Londoner Filialen das meistverkaufte Item. Würde man alle Ausgangsprodukte einzeln kaufen und selbst mischen, wäre der Salat locker um die Hälfte des Preises zu haben, aber die Kunden wollen sich damit nicht befassen. Sie sind dankbar für die Zeitersparnis.

Verpackte Salate existieren erst seit wenigen Jahren, und doch sind sie heute wichtiger als herkömmliche Salatköpfe, die langsam aus den Regalen verschwinden. Salat wird heute gewaschen, geschnitten und bereits mit Kräutern versetzt als küchenfertige Sortenmixtur angeboten. „Salat", sagt Stan Burns, Category Manager der englischen Supermarktkette Tesco, „war ein langsam wachsender Bereich. Jetzt haben wir ihn einfach aufregender gemacht." Der Erfolg gibt ihm Recht: Den Verbrauchern Verarbeitungsschritte abzunehmen, steigert den Umsatz „langweiliger" Produkte. Auch in Deutschland fällt das Plus bei Gemüse- und Rohkostsalaten seit Jahren überproportional aus. Früher war die Karotte eine Karotte, heute wird sie, geschält und in kleine Sticks geschnitten, als idealer Kinder-Snack angeboten. Jeder Arbeitsschritt mehr erlaubt es den Supermärkten, auch etwas mehr Geld für die Ware zu verlangen. Dafür sparen die Konsumenten schließlich Zeit.

Qualität tiefgefroren

Über alle Sparten hinweg gibt es den Versuch, Convenience-Produkte aus der „Menschenfutterfalle" herauszuführen und hochwertige Qualität anzubieten. Der Markt des kühlfrischen, aber nicht tiefgefrorenen Sortiments glänzt mit zweistelligen Zuwachsraten.

Auch bei den Neuheiten im Tiefkühlmarkt ist ein deutlicher Trend zum *trading up*, zu einer Aufwertung der Produkte, erkennbar. Das Unternehmen Frosta beispielsweise beschreitet sehr erfolgreich neue Wege und verschreibt sich dem Reinheitsgebot: Die neue Qualität kommt ohne Zusatzstoffe und fremde Aromen aus. Auch Bio spielt bei den Tiefkühlprodukten eine immer größere Rolle: Im Zeitraum von 2004 bis 2006 haben die Discounter enorme Marktanteile bei

Bio-Tiefkühlgemüse erzielt. Der gesamte Bio-Umsatz mit Tiefkühlgemüse lag in Deutschland noch 2006 bei gut 33 Millionen Euro und bestritt damit einen Anteil von knapp über sechs Prozent am Tiefkühlgemüseumsatz im Lebensmitteleinzelhandel. Seit 2007 liegt der Bio-Umsatz deutlich über 40 Millionen, Tendenz nach wie vor steigend AGROMILGRO RESEARCH 2007.

Wie rasant Tiefkühlprodukte den Weg in den Essalltag gefunden haben, belegen auch aktuelle Daten aus Österreich: Noch Mitte der achtziger Jahre spielte Tiefkühlgemüse in mehr als der Hälfte der österreichischen Haushalte praktisch keine Rolle. 2010 gehört es bereits in zwei Dritteln der Haushalte zum Alltag: Über 60 Prozent nutzen häufig Tiefkühlgemüse, an die 10 Prozent konsumieren Gemüse zu Hause überhaupt nur mehr aus dem Tiefkühlschrank GFK ÖSTERREICH 1996, 2002 UND 2010. Das ist nicht nur bequemer sondern meist auch gesünder. Denn Tiefkühlgemüse wird unmittelbar nach der Ernte (innerhalb von meist nur zwei Stunden) schockgefroren und wenn die Kühlkette nicht unterbrochen wird, bleiben fast alle wertvollen Inhaltsstoffe erhalten. Der Verlust beim sehr empfindlichen Vitamin C liegt beispielsweise bei maximal 30 Prozent. „Wenn Sie frisches Obst kaufen und es einen Tag liegen lassen," so Hans Hauner, Professor am Else-Kröner-Fresenius-Zentrum für Ernährungsmedizin der Technischen Universität München, „geht meist ebensoviel verloren. Und wenn das Gemüse gar eine Woche im Keller oder Kühlschrank liegt, bevor es gegessen wird, fahren Sie mit Tiefkühlware deutlich besser."

Die aktuellen Nielsen-Marktdaten belegen auch eine andere wichtige Veränderung beim Convenience-Sortiment – und zwar bei den Suppen. Den größten Umsatz machte der Handel 2009 zwar nach wie vor mit Trockensuppen, allerdings verlieren sie gegenüber den „nassen Suppen" immer mehr an Terrain.

Die wahren Gewinner sehen freilich ganz anders aus: frisch und gekühlt. Auch wenn sie derzeit noch eine geringe Marktbedeutung haben – ihnen gehört wohl die Zukunft.

Das Sortiment von Chef Menü, der Rewe-Marke für frische und gekühlte Convenience, umfasst derzeit rund 350 Produkte in 18 verschiedenen Produktbereichen. Auch bei Zielpunkt, wo man mit den Handelsmarken Perfee und Carat vertreten ist, und bei Spar steigen die Umsätze in diesem Segment. Und die Nahrungsmittelindustrie forciert entweder die Premiumlinien oder legt bei Convenience-Produkten insgesamt mehr und mehr den Fokus auf die Ausgangsqualität, die Reduktion der Zusatzstoffe, die Optimierung bestehender Rezepturen und die konsequente Entwicklung leichter, frischer und gemüsereicher Menüalternativen.

Bequemes Service, nicht bloß bequeme Produkte

Wie geht es weiter? Geht es in Zukunft vielleicht auch darum, Convenience Food neu zu definieren und convenient (= bequem) nicht nur auf das Produkt zu münzen, sondern vor allem auf bessere Services, gastronomische Angebote und Dienstleistungen in der gesamten Food & Beverage-Branche? Ganz zu schweigen von den unausgeschöpften Möglichkeiten wirklich konvenierende Essbedingungen am Arbeits- oder Studienplatz zu schaffen?

In den USA, wo die Servicegesellschaft am weitesten fortgeschritten ist, kaufen Konsumenten ihre Speisen vermehrt in Restaurants oder in Take Aways und essen sie im Auto, zu Hause oder im Büro. „Amerikas liebstes Esszimmer", scherzt der Technologe Dennis Lombardi, „hat ein Pedal und ein Lenkrad." Viele Supermärkte haben versucht, diese Entwicklung mit warmen Mahlzeiten und gekühlten Frischeprodukten umzudrehen, vergebens. Anders ist die Situation in Großbritannien. Dort werden die *Ready to eat meals*, jene fix und fertig zubereiteten Gerichte vor allem über Supermärkte bezogen. Vor fünfzehn Jahren hat dieser Markt noch kaum existiert. Heute ist er für die Briten eine Selbstverständlichkeit.

Sehr erfolgreich sind auch Zustelldienste mit Mahlzeiten, die einen konsequenten Fokus auf Konsumenten mit gesundheitlichen Problemen und spezifischen diätetischen Bedürfnissen haben. Seit Sommer 2008 bietet z. B. Leviv US-weit ein 28-Tage-Menüprogramm bestehend aus 110 Komponenten an, welche täglich aus zwei Mahlzeiten und Snacks zusammengesetzt sind. Die Kunden ergänzen das Angebot mit frischen Zutaten, die sie anhand von einfachen Rezepten integrieren. Neben Programmen für Herz-Kreislauf-Risikopersonen gibt es Lösungen für Diabetes Typ II oder Nierenprobleme u. ä.

New Yorker Eltern, die ihren Sprösslingen Bioprodukte auf höchstem Niveau bieten wollen, greifen gerne bei Kidfresh zu, einer von ausgezeichneten Designern entworfenen und mit Kinderärzten und Ernährungswissenschaftern entwickelten Bio-Produktlinie für Kinder. Das große Angebot reicht von frischen Sandwiches, teilweise in Form von Bären oder Händen, Müsli, Salaten bis hin zu tagesfrischen Fertiggerichten in Verpackungen, die einen halben Tag in der Schultasche überstehen, dünn, leicht zu öffnen und einfach recyclebar sind. Kidfresh bietet auch eigene Kinder-Kochkurse an und erlaubt den jungen Kunden Einblicke in die Herstellung der Produkte, um das Interesse der Kinder für das Zubereiten zu wecken.

Der schwedische Anbieter Gapa vertreibt seine Bio-Kinderfertiggerichte in farbenfrohen Schalen über Schwedens zweitgrößten Supermarkt und in vier Gourmetrestaurants – ein schlauer Schachzug, denn Eltern gehen zumindest in Nordeuropa vermehrt auch mit ihren Kleinkindern gerne aus. Evie's Organic Edibles in Manhattan bietet frische Fertigspeisen für Kinder mit wöchentlich wechselndem Menüprogramm, sodass die Geschmacksknospen der Kinder Schritt für Schritt an die angebotene kulinarische Vielfalt herangeführt werden.

Der Mythos vom Niedergang der Esskultur

Dennoch. Der Mythos vom Niedergang der Esskultur wird von Convenience-Kritikern mit Emphase gepflegt.

Nachdem der amerikanische Literaturkritiker Bill Buford beim New Yorker gekündigt hatte, um ein Jahr als „Küchensklave, Sous-Chef, Pastamacher und Metzgerlehrling" zu jobben, kehrte er mit einem drastischen Resumee zurück: Unsere Supermärkte seien das wahre Reich des Bösen. „Sie sind der allerletzte Ort, wo man Essen kaufen sollte." Sie förderten die kulturlose Trias aus Aufreißen, Heißmachen und Reinschlingen von Convenience-Produkten, jener „grauenhaften Fertiggerichte", die uns Menschen aus Bequemlichkeit zu Opfern der Nahrungsmittelindustrie machen.

Buford glaubt wie viele andere aus der Gourmetecke kommende Kritiker, dass der kommerzielle Teil der Esskultur an deren Niedergang Schuld sei. Die kulturpessimistische Sichtweise wird der Realität in vielen heimischen Küchen aber nicht gerecht. Nicht weil dort so viel und gut mit rohen Ausgangsprodukten gekocht wurde und wird, im Gegenteil:

– Weil die vermehrte Verwendung guter, d. h. freilich auch teurer Convenience-Produkte in vielen Haushalten eher zu einer Qualitätssteigerung der Alltagsernährung führen wird.
– Weil mit den professionellen Rezepturen und den neuen Herstellungsverfahren frischer oder tiefgekühlter Convenience-Produkte eine leichtere und gesündere Küche Einzug in die deutschen, schweizer und österreichischen Esszimmer halten wird.
– Weil die wachsende Vielfalt sowie die zunehmende sensorische und ernährungsphysiologische Qualität des Convenience- und Chilled Food-Sortiments die heimischen Mittagstische (auf denen nicht selten ölgetränkte Schnitzel oder Rösti, fette Frikadellen und niedergekochtes, aller Vitamine beraubtes Gemüse den Ton angeben) ausgewogener und schmackhafter machen und Mamas bzw. Omas Küche ein wenig entmystifizieren wird.

Was für Buford und viele andere Kritiker, die selbst das Alltagsessen vom Plateau der Hauben- und Sterneküche aus betrachten, in erster Linie als „Niedergang der Esskultur" erscheint, ist wohl eher ein – wenn auch tiefgreifender – Wandel der Esskultur. Auf dem Gebiet der Ernährung wird damit nachvollzogen, was in anderen Bereichen der Gesellschaft längst passiert ist: Arbeitsteilige Produktion und Outsourcing. Wie das Pullover- und Sockenstricken überlassen wir auch die Herstellung und Zubereitung unserer Mahlzeiten zunehmend den Experten in der Industrie.

Freilich: Wenn wir für diese Leistung auch Qualität erwarten, werden wir sie auch angemessen bezahlen müssen. Das gilt für Pullover genauso wie für Pichelsteiner Eintopf. Cashmere kostet, Filet vom Biorind auch.

Aber beim Essen reagieren wir wie beim Auto: Wir jammern über die hohen Benzinpreise, obwohl die auch heute noch bloß zwölf Prozent unserer durchschnittlichen Autogesamtkosten ausmachen. Wir statten die Wagen mit Ledersitzen und High End-Stereo-Anlagen aus und unsere Küchen mit Mikrowellen und Dampfgarer, Fritteusen und allen sonstigen möglichen und unmöglichen Dingen; beim Entscheidenden aber, dem Stoff, der unseren Autos und der uns selbst die nötige Energie verleiht, sind wir knausrig: Für Benzin und für Lebensmittel wollen wir kein Geld ausgeben.

Zeitgewinn und Genussgewinn in einem

Wenn Convenience Food den Anschluss unseres Essens an die Moderne bedeutet, kann es sich in Zukunft aber nicht mehr allein auf seine Eigenschaft als „Effizienzprodukt" berufen. Es wird sich denselben Trends, Bedürfnissen und Konsumentenwünschen unterordnen müssen, die auch für jede andere Form des Essens gelten; d. h. es muss nicht nur schnell und einfach, es muss in Zukunft auch wertvoll sein, uns nicht nur einen Zeit-, sondern auch einen Sinn- und Genussgewinn bescheren. Dahinter stecken folgende Überlegungen:

– Da der Zeitdruck Normalität geworden ist, wollen wir beim Essen im Alltag keine Kompromisse, sondern bessere Lösungen.
– Wenn die Zeit sehr knapp ist, ist es unökonomisch, lange über kleine Geldbeträge nachzudenken; ist es unökonomisch statt portionierter, gewaschener Salatmischungen einzelne billigere Salatköpfe zu kaufen, die dann doch im Kühlschrank verwelken und zur Hälfte weggeworfen werden.
– Unter Zeitdruck ist ein zu vielfältiges Angebot in den Supermärkten eine Belastung, ein kleines, dafür regelmäßig wechselndes, also

für Abwechslung sorgendes Angebot an frischen Fertigprodukten dagegen entlastend.

– Die Zeitknappheit führt dazu, dass wir uns beim Kauf auf den ersten sinnlichen Eindruck verlassen oder auf bewährte Marken zurückgreifen, mit denen wir gute Erfahrungen gemacht haben.

– Kunden treffen ihre Entscheidungen unter diesen Prämissen vor allem emotional. Eine positive, kaufentscheidende Emotion wird von Produkten ausgelöst, die wir mit Naturnähe, Sinn, moralisch und ethisch einwandfreier Produktion, Sicherheit und sensorischer Qualität assoziieren.

Alternativen zur Zuvielfalt

Matthias Stolz und Ole Häntzschel haben in ihrem Zahlenbuch *Die große Jahresschau. Alles, was 2010 wichtig ist* ausgerechnet, dass es bei Starbucks 87.000 mögliche Kaffee-Kombinationen gibt, aus denen der Kunde wählen kann. Auf 65.512 mögliche Sandwich-Konstellationen kommen die Autoren bei Subways. Im Vergleich dazu er-

Kalt: Methoden zur Haltbarkeitsverlängerung von Fertiggerichten

Getrocknete Fertiggerichte:
Die Trocknungsmethode ist auf bestimmte Bereiche und Produkte wie Trockensuppen und ähnliche Instantprodukte beschränkt. Vor dem Verzehr müssen diese Produkte rehydriert werden.
Pasteurisierte und sterilisierte Fertiggerichte:
Das zweitälteste Verfahren für Fertiggerichte. Garung und Haltbarmachung erfolgen in einem Schritt. Der Convenience-Wert ist sehr hoch, weil lange Haltbarkeitsfristen unter einfachen Lagerbedingungen möglich sind. Die Produkte müssen vor dem Verzehr nur erwärmt werden.
Tiefgekühlte Fertiggerichte:
Nach der Zubereitung werden die Speisen sofort schockgefroren. Die Aufrechterhaltung der Tiefkühlkette muss allerdings bis zum Konsumenten gewährleistet sein. Das hygienische Risiko ist auch bei langen Lagerzeiten gering.
Gekühlte Fertiggerichte:
Diese Art der Distribution von Fertiggerichten im Detailhandel ist ziemlich neu. Am weitesten verbreitet ist sie in England und Nordeuropa. Die Haltbarkeit beträgt auch bei strikter Einhaltung der Kühlkette maximal einige Tage.
Kochen unter Vakuum oder Sous Vide:
Das Sous Vide-Verfahren wurde aus diversen Vorläufersystemen Anfang der achtziger Jahre entwickelt. Die Rohstoffe werden unter Vakuum in flexible Kunststoffbeutel verpackt und erst dann in der Verpackung gegart.

scheint eine Auswahl aus den 16 unterschiedlichen Abo-Angeboten des Pay-TV-Senders Sky fast schon als eine leichte Aufgabe.

Erinnern wir uns an den Soldaten James aus dem ersten Kapitel: Auch er kapitulierte vor der „Zuvielfalt" unserer Supermärkte, die zu einer Komplexitätssteigerung führt und unser persönliches Stress-Level erhöht, obwohl wir es mit Convenience-Produkten eigentlich reduzieren wollen. Will James hätte den Supermarkt entspannter verlassen, wenn er mit der „Zuvielfalt" nicht alleine gelassen worden wäre, wenn zum Kundenservice der Retailer nicht nur Produkte sondern auch Beratung, Entscheidungshilfen, Vorauswahl und einfache, verständliche Information, also Komplexitätsreduktion zählen würden. Er hätte dann sogar etwas gekauft, wahrscheinlich etwas, das er mit Sinn und mit kulinarischen Freuden verbunden hätte, und wäre – zumindest im Kino könnte diese Version ja möglich sein – vielleicht nicht mehr in den nächsten Krieg gezogen.

Aber bleiben wir in der Wirklichkeit, in der die Zukunft schon begonnen hat, in der entsprechende Services angeboten und von den Konsumenten geschätzt werden. Bleiben wir z. B. bei Yooji's, dem Zürcher Full Service-Gastrobetrieb, einer Mischung aus asiatischem Schnellrestaurant, Spezialsupermarkt, Take Away und Home Delivery-Service. Gäste können sich im Restaurant zuerst inspirieren lassen und danach im Hausladen Rezeptbücher und sämtliche zur selbständigen Zubereitung von Speisen notwendigen Zutaten und Werkzeuge kaufen und sich nach Hause liefern lassen.

Auch Eataly in Turin und Mailand ist eine Fusion zwischen Supermarkt, Restaurant und Kochbuchhandlung. Es gibt in dem Lokal regelmäßig Degustationen, Kochshows und Kochkurse, die Kunden an Produkte heranführen und das nötige Know How vermitteln, um aus ihnen schnelle, gute Gerichte bereiten zu können.

Wo Wissen und Zeit der Kunden beschränkt sind, wird es in Zukunft immer öfter hybride Formen von Gastronomie und Handel geben. Die Rede ist von Konvergenz, Verschmelzung und Vermi-

Der Vorteil liegt darin, dass schon beim Kochen der Luftsauerstoff so weit wie möglich ausgeschlossen wird. Unerwünschte sensorische Veränderungen durch Oxidationsreaktionen werden dadurch und auch während der anschließenden Kühllagerung bei 1–8 Grad C minimiert und die Haltbarkeit auf maximal 42 Tage verlängert.
Sous Vide-Verfahren und Gefrieren:
Um die Vorteile des Sous Vide-Verfahrens in sensorischer Hinsicht zu nutzen, aber seine Nachteile bezüglich hygienischer Risiken und relativ geringer Lagerzeit zu vermeiden, wird neuerdings die Kombination mit dem Gefrierverfahren praktiziert.

schung der Formate. Supermärkte werden vermehrt Food Services anbieten und Restaurants Lebensmittel verkaufen; dazwischen liegen alle erdenklichen Variationen. Ein Beispiel sind die wieder erstarkten Bäckereien in Deutschland, Frankreich und der Schweiz. Bäckereien bieten heute nicht mehr nur Brot und Gebäck an, sondern auch Getränke und Zwischenverpflegung aller Art.

Gehört die Zukunft also kleineren Läden um die Ecke, in Büro- und Wohnungsnähe, mit einer beschränkten, dafür hochwertigen Auswahl an Convenience-Produkten, weil Einkaufen dort auch deshalb effizienter ist, weil weniger Auswahl weniger Entscheidungen, also auch weniger Zeitaufwand bedeuten? Weil deren Angebote, deren Öffnungszeiten, deren Beratung, deren Nähe den Convenience-Gedanken weit über das einzelne Produkt hinaus ausdehnen? Weil Convenience sich dabei nicht nur auf die schnelle, einfache und bequeme Zubereitung eines Gerichts beschränkt, sondern auch besseres Service und leichteren Zugang zu Informationen (inkl. Rezepte, Ernährungs- und Kochtipps) einschließt?

Gehört die Zukunft vielleicht auch Konzepten à la Dinner by Design? Das in einigen US-Bundesstaaten agierende Serviceunternehmen liefert Menüvorschläge, besorgt und rüstet daraufhin alle nötigen Zutaten, stellt dem Kunden Hilfsmittel und die Küche zum gewünschten Zeitpunkt bereit, der dann mehrere Mahlzeiten selber kocht. Die so zubereiteten Speisen werden in tiefgefrierbare Behälter abgefüllt und nach Hause genommen. Den Abwasch erledigt wiederum der Anbieter. Das ist zeit- und ressourcensparender als zu Hause zu kochen.

Solche neuen Dienstleistungsformate, die eine Auslagerung des Einkaufens und der oft langwierigen Kochvorbereitungen an den Anbieter ermöglichen, werden in Zukunft in unterschiedlichen Formen verstärkt nachgefragt werden. Für Supermärkte, die den Einkauf via Internet und Heimzustellungen schon heute anbieten, wäre es kein allzu großer Aufwand, ihr Angebot dahingehend auszuweiten.

Genuss ist der beste Koch

Alle diese Formen zeigen, dass der Konsum von Convenience-Produkten nicht in erster Linie das Kochen selbst ersetzen, sondern es vor allem unterstützen wird. Es geht nicht nur um Zeitgewinn, sondern auch um Genussgewinn, wenn wir die Bratensauce nicht aus der Tüte zaubern wollen, aber dennoch nicht stundenlang Zeit haben, einen Fond aus Grundzutaten zu kochen – und daher auf Produkte zurückgreifen, die den klassischen Fond, manufakturell oder industriell hergestellt, in Gläsern oder Dosen konservieren oder auf

Take Away-Angebote von guten Restaurants, die Fonds in großen Mengen kochen und in kleinen Mengen über die Theke verkaufen. Die Zunahme von convenienten Kochhilfen, von Fertig- und Halbfertigprodukten, von tiefgefrorenen Teigen, abgeschmeckten Saucen und Pestos, vakuumierten Teigtaschen und gerüstetem und gewaschenem Gemüse in zellophanierten Styroporschalen verändert natürlich nicht nur unser Essverhalten, sondern auch unseren Begriff des Kochens. Nur noch 18 Prozent der Bevölkerung (24 Prozent der über Sechzigjährigen) definieren Kochen heute als autonomen Prozess, bei dem alles selbst zubereitet wird und weder Kochhilfen noch Fertigprodukte, nicht einmal vorbereitete Frischeprodukte wie geschnittener Salat verwendet werden. 36 Prozent verstehen unter Kochen das selbstständige Zubereiten einer Mahlzeit unter Einbeziehung von Convenience-Produkten wie geschnittenem Salat oder Tiefkühlgemüse. 31 Prozent fassen den Begriff noch weiter und beziehen auch Fertigprodukte wie Saucen oder Gemüse aus der Dose mit ein. Fertiggerichte, die nur individuell verfeinert werden, sehen dagegen nur neun Prozent als Selbstgekochtes an; immerhin vier Prozent halten selbst das bloße Erhitzen von Komplettmenüs noch für Kochen NESTLÉ STUDIE 2009.

Das Beispiel Pizza: Was wir unter „Kochen" verstehen

50- bis 60-Jährige: Kochen ist Teig und Belag selbst zubereiten, möglichst frische Ausgangsprodukte verwenden

30- bis 40-Jährige: Kochen ist Fertigteig mit Belag aus frischen oder konservierten Ausgangsprodukten belegen und backen

unter 30-Jährige: Kochen ist Tiefkühlpizza erhitzen

Convenient Future

Diese Veränderung ist vor allem eine Herausforderung für Produzenten und Handel. Sie können die Chance nutzen, noch gezielter und individueller auf die alltäglichen Bedürfnisse der Konsumenten einzugehen, sie dabei zu unterstützen, sich trotz Zeitdrucks und unregelmäßiger Essenszeiten gesund zu ernähren und gut zu essen: Durch die Übernahme von Einkaufs- und Zubereitungsschritten, durch hybride Formen von Gastronomie und Handel, Ausweitung der Einkaufsmöglichkeiten in unmittelbarer Nachbarschaft (Tante Emma-Läden, Edelgreißler, Community Restaurants) etc. Das heißt, sich nicht mehr nur auf die Kernkompetenzen zurückzuziehen, sondern den Fokus vergrößern und in Richtung Konsumentenfreundlichkeit zu erweitern: Veränderung der Ladenkonzepte, kleinere, überschaubarere, übersichtlichere Märkte mit einer beschränkten Auswahl an Produkten, die Einkaufen effizienter, zeitsparender und sinnlicher machen.

Die Behinderung all dieser Innovationsmöglichkeiten durch Einzel-
interessen und konsumentenfeindliche Gesetze und Verordnungen
wird nicht mehr lange zu halten sein. Die Zusammenführung von
„schnell", „wertvoll" und „genussvoll" wird kein Widerspruch mehr
sein, sondern die kulinarische Convenience-Lösung der Zukunft.

Food Change: Zukunftsmenü 6

In Zukunft bietet Convenience Food neben Zeitgewinn auch Sinn- und
Genussgewinn. Schnelle Lösungen für den kulinarischen Alltag:

Konsumenten ...

... wenden für das Kochen nicht mehr Zeit auf, gestalten den
   Kochprozess aber – unter Einbeziehung vor allem frischer
   und tiefgekühlter Convenience-Produkte - bewusster
... versuchen das Einkaufen zu rationalisieren und greifen
   zunehmend auf Online- und Zustellservices zurück
... achten auch bei Convenience-Produkten mehr und mehr auf
   Qualität und setzen insbesondere auf frische, gekühlte und
   gerüstete „Ready to Cook"-Produkte
... zahlen für den Zeitgewinn auch höhere Preise

Produzenten ...

... entwickeln bei ihren Convenience-Produkten mehr Kreativität
   und Innovationsfreude
... heben das Qualitätsniveau und damit das Image von Convenience
   Foods
... lernen in unterschiedlichen Kochprozessen zu denken und
   berücksichtigen dabei verstärkt die Vielfalt an unterschiedlichen
   Einkaufs-, Koch-, Zubereitungs- und Lagerhaltungsstilen
... berücksichtigen das Verpackungs- bzw. das Müllproblem weitaus
   stärker als bisher
... bieten spielerische und praktische Informationssysteme zu
   Herkunft, Verarbeitung und Haltbarkeit ihrer Produkte an

Gastronomen ...

... bieten als Serviceprofis nicht nur Essen im Restaurant oder
   Gasthaus an, sondern auch ein Sortiment an selbst hergestellten,
   frischen Convenience-Komponenten sowie Take Aways

Handelsunternehmen ...

... erweitern ihr Angebot an Halbfertig- und Frischgerichten
   und bieten vielfältige Servicestufen für die unterschiedlichen
   Kochtypen an

… betreiben an passenden Standorten spezifische Convenience Stores mit erweiterten Öffnungszeiten, in denen nicht nur frische, fertig gerüstete Komponenten zum selber Kochen mit nach Hause genommen, sondern auch fertig gekochte Convenience-Menüs gegessen werden können

… kooperieren mit der Gastronomie und gewähren aktiv Einblicke in ihre Produktion

… bieten individuelle Orientierungs- und Einkaufshilfen für Allergiker und Personen mit Unverträglichkeiten

… unterstützen durch gezielte, täglich wechselnde Angebote eine ausgewogene Ernährung auf Basis von Convenience-Menüs und erleichtern den Kunden die Kaufentscheidung durch kompetente Beratung

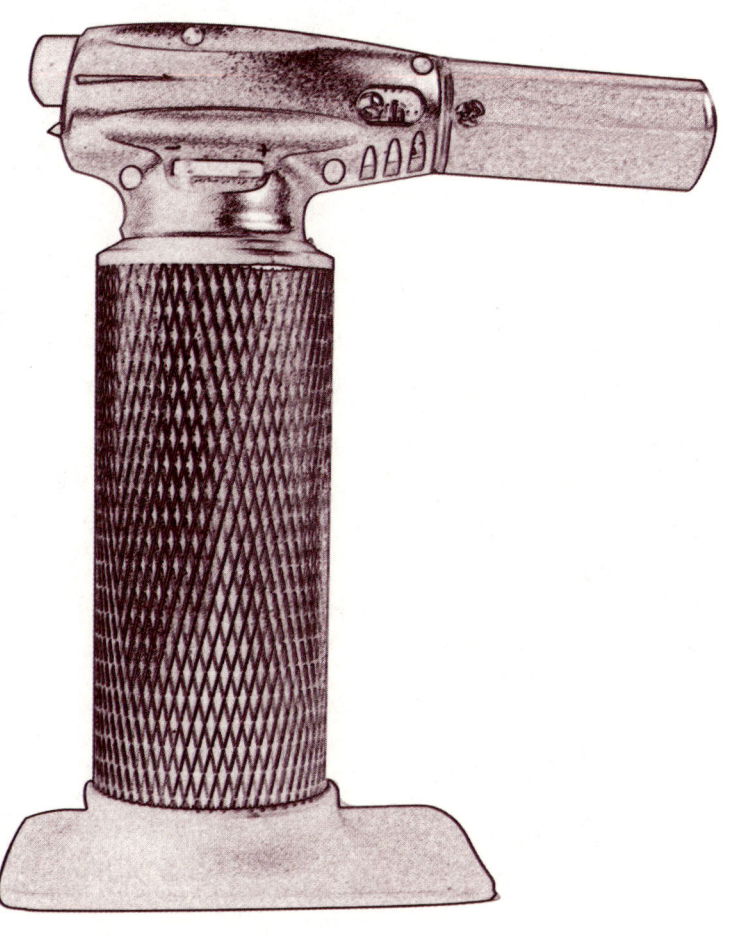

Immer schöner

In Zukunft werden wir noch viel mehr mit den Augen essen.

Das ist das Schöne an der Schönheit:
Wir erwarten reflexartig auch das Gute.

Konrad Paul Liessmann

Hanns Wenninger, der Gründer der Musikzeitschrift Rolling Stone, saß Anfang der achtziger Jahre in der New Yorker U-Bahn. Neben ihm zwei Teenager. Sie unterhielten sich darüber, worüber sich Teenager in der U-Bahn wohl auf der ganzen Welt unterhalten – über Mädchen und die Schule, über Kino und ihre Eltern und natürlich über Musik. Und plötzlich fiel der Satz, der Wenninger in acht Worten klar machte, dass die Welt des Musikbusiness gerade dabei war, sich dramatisch zu ändern – und dass die Vermarktung von Popmusik in Zukunft ganz neue Wege einschlagen würde: „Have you seen the new Michael Jackson song?"

Es war die Zeit, als die Musikvideos die Welt eroberten. Dass man ein Lied *sieht*, das war im wahrsten Sinn des Wortes „unerhört". Aber der unbekannte New Yorker Teenager hat Recht behalten – die Visualisierung der Musik ist längst Wirklichkeit geworden und was früher Zukunftsmusik war, ist heute aus der Popkultur nicht mehr wegzudenken: Dass wir unser Urteil und unsere Wertschätzung über einen Song mehr und mehr über dessen optischen Auftritt definieren.

Der Sinn der Sinne

Dieser Wechsel der Sinneswahrnehmung, der genaugenommen ja eine Erweiterung der Sinneswahrnehmung ist, wird auch die Zukunft des Essens beeinflussen – und sie neu und anders gestalten als wir es uns jetzt vielleicht vorstellen können.

Neu ist dabei weniger, dass wir auf die optische Präsentation von Speisen wert legen (das haben Menschen mehr oder weniger immer schon getan), sondern dass dieser visuelle Anspruch allumfassend sein wird.

Er wird in Zukunft die Regel und nicht die Ausnahme sein; und er wird weit in unseren Alltag hineinragen – er wird das Geschirr für das festliche Abendessen ebenso mitbestimmen wie das Design der Gemüseabteilung im Supermarkt; er wird die Gestaltung von Designer Food befördern und unsere Essgewohnheiten von unseren Sehgewohnheiten abhängig machen; und Schulkinder werden eine hässliche Jausenbox ebenso wenig tolerieren wie wir alle eine lieblose und geschmacklose Verpackung oder Etikette. Es wird ein Schön-Sein-Wollen in allen Bereichen geben.

Eine neue „Essthetik".

Das Versprechen der Schönheit: Was schön ist, ist gut

Die Schönheit gehört zu den gleichermaßen umstrittenen wie unvermeidbaren Begriffen des Lebens und der Kultur. Es gibt kaum einen Bereich, in dem Schönheit nicht eine zentrale Rolle spielt. Im Alltag stellt Schönheit einen Wert dar, der von der Geburt bis zum Tod präsent ist. Schönheit bestimmt in hohem Maße Erotik und Sexualität, definiert die Partnerwahl und zieht sich wie ein roter Faden durch unsere Lebensvorstellungen („Sie haben aber ein schönes Haus." bzw. „Komm, lass uns einen schönen Abend verbringen.") und Schönheit dominiert als zentrale Norm die Ästhetik der Kleidung und das Design der Gebrauchsgegenstände.

In der Kunst und in der Philosophie war Schönheit seit der Antike der Korrespondenzbegriff zum Guten und zum Wahren. Das bedeutet: Wir glauben, dass das Schöne auch das Bessere ist. Natürlich ist nicht entschieden, was Schönheit genau ist und in einer pluralistischen Gesellschaft wie der unseren ist es eher so, dass viele Schönheitsbegriffe gleichwertig nebeneinander stehen. Aber es ist unstrittig, dass die Wirkmacht der Schönheit darauf beruht, dass sie einen Mehrwert verspricht.

Der französische Schriftsteller Henry Stendhal hat diesen Mehrwert – sehr schön! – auf den Punkt gebracht: „Schönheit ist ein Versprechen von Glück". Und damit ist die Schönheit und ihr kleiner Bruder, das Design, für Produzenten auch die ideale Aufwertungsmethode und für Konsumenten zunehmend eine Entscheidungshilfe bei ihrem Gang durch den Produkt- und Erlebnisdschungel.

Der Zusammenhang von Essen und Schönheit ist freilich keine Erfindung der Moderne. Schon im bekannten Märchen der Gebrüder Grimm heißt es: „Wenn man es hinstellte und sprach: ‚Tischchen, deck' dich!' so war das gute Tischchen auf einmal mit einem sauberen Tüchlein bedeckt und stand da ein Teller und Messer und Gabel daneben und Schüsseln mit Gesottenem und Gebratenem, die soviel Platz hatten, und ein großes Glas mit rotem Wein leuchtete, dass einem das Herz lachte."

Ein gutes Essen, so erfahren wir hier also, wird nicht allein von der Qualität der Speisen, nicht nur durch üppige Mengen an Gesottenem und Gebratenem bestimmt, sondern auch von der Art und Weise der Präsentation: Ein schönes Tischtuch, Teller, Messer, Gabel, Schüsseln und ein Weinglas waren schon im ausgehenden 18. und beginnenden 19. Jahrhundert Accessoires, auf die man beim Essen auch in den niederen Ständen mehr und mehr achtete und die den Wert der Speisen mitbestimmten.

Der Zusammenhang von Geschmack und Schönheit der Speisen hat sich – ausgehend von kultischen Handlungen des Zen-Buddhismus – vor allem in der japanischen Küche schon sehr früh manifestiert. Besonders in der alten Kaiserstadt Kyoto wurde die Hochform der leichten, gesunden Küche kultiviert, deren ästhetische Ansprüche mindestens so groß sind wie die Liebe zum Wohlgeschmack. In den vielgängigen Kaiseki-Menüs ist das „schöne Essen" zugleich wohl- schmeckend und gesund.

Es werden nur frische Zutaten entsprechend der jeweiligen Jahreszeit benutzt und sie werden so zubereitet, dass ihr Eigengeschmack her- vorgehoben wird. Besondere Sorgfalt wird auf die Auswahl der Zu- taten gelegt. Die Speisen werden auf speziell zur Hervorhebung der Eigenart und des jahreszeitlichen Themas des Gerichtes ausgewähl- tem Geschirr angerichtet, künstlerisch angeordnet und garniert, oft mit echten Blättern und Blüten. Essbare Garnituren werden manch- mal so gestaltet, dass sie Pflanzen oder Tieren ähneln. Das Geschirr und die Garnituren sind ein genauso wichtiger Teil des Erlebnisses wie das Essen selbst. Mitunter könnte man sogar meinen, dass die ästhetische Erfahrung, das Essen zu betrachten, wichtiger sei als es zu verzehren.

Eleganz statt Üppigkeit

In Europa fand die Ästhetik des Essens spätestens seit der „Erfindung" des Speisens als ständisches Distinktionsmerkmal im Laufe des 16. Jahr- hunderts immer mehr Eingang in den höfischen und später auch in den Alltag des reichen Bürgertums. Interessant ist, dass reine Protzerei zur Statusbildung oder Angeberei relativ schnell zu Ende ging. Schon im Gastmahl des Trimalchion ging es primär um Verfeinerung und Exotik, nicht um Menge. Und in der Haute Cuisine des Barock zähl- te endgültig Raffinesse statt Quantität, Eleganz statt Üppigkeit.

Im Laufe des 17. Jahrunderts begannen Aristokratie und reiches Bür- gertum statt gebratener Fleischberge lieber aufwendig zubereitete Le- ckerbissen auf ihren schön geschmückten Tischen zu verteilen, sie kochten nach Farben und benutzten mehr Besteck, feineres Geschirr (vor allem Porzellan aus China, da es in Europa zu dieser Zeit noch nicht hergestellt werden konnte) sowie eine Vielzahl an reichverzier- ten Gläsern und feinen, sauberen Tüchern VGL. BRAUDEL 1985, S. 214 FF.

Die entscheidende Neuerung war, dass es nicht nur um das Prassen und Völlern ging, also um eine Selbstinszenierung von Reichtum,

Macht und Status, sondern um die Inszenierung der eigenen Genussfähigkeit, darum, „die eigene Genussfähigkeit zu genießen" SORGO 2010, S. 71.

Denn die Menge der Nahrungsmittel, die man sich einverleiben kann, ist begrenzt, nicht jedoch die Menge der optischen und akustischen Eindrücke, die man beim und vom Essen kreieren, vermitteln und selbst aufnehmen kann.

Diese Entwicklung zieht sich durch die gesamte Moderne hindurch und durch alle Menüs: Die eigene Genussfähigkeit erleben zu können und bestätigt zu bekommen, wird nach der Überwindung von Mangel und Hunger auch jenseits von Statusfragen zur zentralen Kompetenz der Essenden. Das schöne Aussehen des Essens und seine Präsentation helfen uns diese Kompetenz zu entwickeln und zu zeigen – mehr und vor allem einfacher und konsensfähiger als das Essen selbst.

Guter Geschmack sorgt für guten Geschmack

Wir wissen heute, dass zwischen gesunder Ernährung und Genussfähigkeit ein direkter Zusammenhang besteht. Je stärker die Genussfähigkeit ausgeprägt ist, das belegen zahlreiche Studien, desto häufiger wird aktiv und bewusst gesundheitsorientiertes Verhalten gezeigt. Genießer treiben öfter Sport, ernähren sich gesünder, sind öfter an der frischen Luft, sind seltener einsam und ergreifen häufiger Maßnahmen zur Krankheitsprophylaxe VGL. BERGLER/HOFF 2002. Die eigene Genussfähigkeit zu fördern, den Genuss genießen zu können, sprich ein freies, wenn auch differenziertes Genussverhalten zu entwickeln, macht uns fit für eine gesunde Zukunft und verbessert unsere Lebensqualität. Ästhetik spielt dabei eine zentrale Rolle.

Denn Genussfähigkeit bedeutet nicht nur reflexartig auf die Geschmacksbooster Fett und Zucker, Salz und Glutamat zu reagieren. Genuss ist eine ganzheitliche, intensive Sinnesempfindung, die mit körperlichem und geistigem Wohlbehagen verbunden ist. Der schön gedeckte Tisch, das feine Glas, die edle Stoffserviette, das künstlerische Arrangement der oft wie gemalten Speisen auf den Tellern der Hauben- und Sterneköche, das reflektierte Reden über die Speisen und ihren besonderen Genusswert: Das alles lässt uns innehalten, zügelt unseren Nahrungstrieb, die Gier, die uns mitunter überfällt und uns Speisen sonst achtlos hinterschlucken lässt, und fördert bzw. ermöglicht damit überhaupt erst ein differenziertes Schmecken!

Die avancierte Tellerästhetik der Spitzenköche, die wie Passard oder Redzepi Gemüsegerichte zu Miniaturgärten formen (siehe Leitidee 4 und 5), ist daher mehr als eine leere Behübschung, kein L'art pour l'art-Exzess, sondern eröffnet über die Anregung des Sehsinns auch die Kultivierung und Verfeinerung anderer Sinne, etwa des Geschmacks- und Geruchssinns.

Wichtig ist, dass eine solche Kultivierung überall und auf jedem Niveau funktioniert. Es bedarf dazu nicht notwendigerweise der Speisenkunst, die in der Topgastronomie zelebriert wird. Eine einfache kulinarische Ästhetik vermag dies über weite Strecken auch im Alltag. Das beginnt bei der Art, wie Bauern und Händler auf den Märkten etwa in Frankreich und Italien oder in den arabischen Souks ihr Gemüse und Obst, ihre Meeresfrüchte, Käse- oder Wurstprodukte präsentieren, die unser Auge so erfreuen, dass wir sogar Lust bekommen, Produkte zu kosten, die wir ohne die ästhetische Verführung eigentlich gar nicht essen wollten.

Den Genuss im Auge haben

Ein schön gedeckter Tisch, Olivenöl als goldener Strich über den Teller gezogen, Gespräche über das Essen etc. – all das versetzt uns in einen positiven emotionalen Zustand, wir verlangsamen unser Esstempo, schaffen Raum und Zeit, die wir brauchen, um Genießen zu können.

Selbst kleine ritualisierte Handlungsschritte (das Entfalten der Serviette, das Zuprosten mit den Weingläsern etc.) fördern nuancierte Wahrnehmungsprozesse, welche die Voraussetzung für bewusstes Genießen sind und halten „genussfeindliche Gedanken" (Probleme bei der Arbeit, Beziehungsstress, Ärger mit den Nachbarn, Sorgen um die Gesundheit etc.) zumindest für die Mahl-Zeit fern.

Da differenziertes Genussverhalten sozial erlernt und durch die Familie und das gesamte persönliche Umfeld – auch noch im Erwachsenenalter – beeinflusst wird, sind es gerade die kleinen alltäglichen Tischrituale, die mit darüber Ausschlag geben, ob wir die Fähigkeit zum Genießen erlangen oder nicht oder nur eingeschränkt genussfähig werden bzw. bleiben, was – laut der Studienergebnisse von Tanja Hoff und Reinhard Bergler – mindestens auf ein Viertel der deutschen Bevölkerung zutrifft.

Die Synergien zwischen gutem Essen, gesunder Ernährung und einem auch ästhetisch ansprechenden Gericht sind nicht zufällig. Denn Qualität ist nicht teilbar. Oder wie es Franz Grillparzer formuliert: „Schönheit ist die vollkommene Übereinstimmung des Sinnlichen mit dem Geistigen." Wir können Lebensmittel und Speisen nur dann gut finden, wenn wir damit positive Gefühle verbinden. Wenn man z. B. weiß, dass das Huhn, das wir im Supermarkt erworben haben, unter tierquälerischen Bedingungen herangewachsen ist, wird es schwer mit positiven Genussgefühlen. Man kann das Wissen zwar bis zu einem gewissen Grad verdrängen – und je abstrakter das Lebensmittel daherkommt (das Huhn z. B. in Form von Chicken Nuggets oder Fisch als paniertes Stäbchen) – umso leichter fällt das. Aber wenn wir ein Bio-Huhn essen fühlen wir uns besser, weil wir wissen, dass Biobetriebe auch tiergerechte Haltungsbedingungen achten.

Ebenso kann die Präsentation von Lebensmitteln und Speisen positive oder weniger positive Gefühle auslösen. Wir alle haben schon die Erfahrung gemacht, dass ein „hübsch" arrangiertes Gericht ganz besonders gut schmeckt. Eine Erfahrung, die wir nicht nur bei festlichen Gelegenheiten machen, sondern auch im Alltag. Das heißt, wir sollten den Tisch auch am Abend und am Wochenende für die Familie, für die Kinder, aber auch für uns ganz allein sorgfältig decken und selbst einfache Speisen schön anrichten.

Schön gesund

In empirischen Untersuchungen konnte zudem gezeigt werden, dass Genuss und Freude am appetitlich angerichteten Essen sich auch positiv auf die Verwertung der aufgenommenen Nährstoffe auswirken. „In einer schwedischen Studie", so schreibt Rolf Degen in der Zeitschrift der Schweizerischen Gesellschaft für Ernährung, „bekamen Versuchspersonen eine Mahlzeit aus Hamburgern, Bohnen und Kartoffelpüree serviert. Die eine Hälfte der Probanden erhielt das Menü in einer appetitlichen Aufmachung vorgesetzt, bei der anderen Hälfte wurde das identische Substrat als unförmiger, eingestampfter Brei aufgetischt. Resultat: Die Konsumenten der Paste nahmen 70 Prozent weniger Eisen aus der Mahlzeit auf als die Vergleichsgruppe." DEGEN 1999, S.11 Zum gleichen Ergebnis kamen die Forscher auch, als sie ihren Versuchspersonen ein thailändisches Gericht servierten, einmal als dekorative Speise, einmal als eingestampfter Brei gereicht.

Dieses zunächst überraschende Ergebnis dürfte, so vermutet der amerikanische Ernährungsforscher Robert Russel, damit zusammenhängen, dass unser Gehirn vorbereitende Reaktionen in Gang setzt, ehe wir eine Mahlzeit zu uns nehmen: Verschiedene Nervenimpulse lassen den Speichel fließen, regen Verdauungshormone und Magensäfte an. Wenn wir eine Speise überhaupt nicht mögen oder kein lustvolles Gefühl damit verbinden, weil sie unappetitlich oder lieblos angerichtet ist, schüttet unser Körper weniger Sekrete aus. „Das könnte die Bioverfügbarkeit der Nährstoffe auf lange Sicht ungünstig beeinflussen." RUSSEL, ZIT. NACH DEGEN 1999, S.11 Die Liebe des Menschen zur Ästhetik beim Essen hat entwicklungsgeschichtlich aber auch noch einen weiteren tieferen Sinn. Lebensmittel und Speisen, die den ästhetischen Ansprüchen des Betrachters nicht genügen, sind mitunter ungesund oder gar gefährlich. Wir orientieren uns an Farben und Konsistenzen und werden vorsichtig, wenn Fleisch grau und grünlich schimmert, Pfifferlinge sich braun färben statt mit weißlicher bis gelblicher Farbe zum Verzehr locken oder Fische nicht mit glänzender Haut und kräftig roten Kiemen Frische signalisieren.

Food Design versus Food Styling

Die Nähe von Ästhetik und Qualität, Schönheit und Geschmack, begünstigt heute aber auch eine ganz andere Form von Food Design, bei dem es nicht nur um die optische Gestaltung geht, also um Styling, sondern auch – mit legalen oder illegalen Methoden – um die Veränderung der sensorischen Qualität von Lebensmitteln. Der Barrique-Geschmack bei Weinen zum Beispiel kommt heute nicht mehr nur von den kleinen, teuren Eichenholzfässern, in denen die Weine monatelang lagern, sondern auch von sogenannten Shavings, feinen Sägespänen, die nur für kurze Zeit in die Stahltanks kommen und den erwünschten Effekt viel kostengünstiger erzielen. Dies ist – verglichen mit anderen Methoden – noch ein recht simpler und harmloser Trick, um die Rebensäfte geschmacklich (besser) zu gestalten. In den großen Weinfabriken Kaliforniens, Australiens und Südafrikas werden Weine mittlerweile in der sogenannten Spinning Cone Column in diverse Einzelbestandteile zerlegt und dann nach ausgeklügelten Rezepturen (die auch den Alkoholgehalt steuern können) wieder zu „Weinen" zusammengemixt. Das Ergebnis sind – im doppelten Wortsinn – „raffinierte" Design-Weine.
In Europa ist diese Methode zwar (noch) verboten, aber auch hierzulande ist die Romantik vom Weinhauer, dessen Tropfen von der Rebe bis ins Glas ohne Tricks und Kniffe entsteht, Illusion: UmkehrOsmose, Vakuumverdampfung, Kryokonzentration und CrossflowFiltration sind jedem modernen Winzer höchst vertraute Begriffe. In den USA, Israel und Australien arbeiten Genetiker darüber hinaus nicht nur an widerstandsfähigeren, sondern auch an „geschmacklich optimierten" Rebsorten.
Auch in der Nahrungsmittelindustrie ist Food Design im Sinne einer sensorischen Qualitätsveränderung inzwischen Usus. Chemiker, die Erdbeerjoghurt herstellen, in dem nie eine Erdbeere war, oder Shrimps aus Surimi, einer proteinreichen Fischmasse, die in Geschmack und Farbe nahezu neutral ist und sich ideal zur „phantasievollen" Weiterverarbeitung eignet.

Mittlerweile gibt es Agenturen, die sich ausschließlich dem Design von Industrial Food & Drinks verpflichten. Enivrance zum Beispiel entwickelt so genanntes *signature food*. Zu den Kunden zählen sowohl Fast-Food-Ketten wie McDonalds, als auch Unternehmen wie Lavazza, etablierte Konsumgütertempel wie Harrods oder Sterne-Restaurants wie The Fat Duck mit Starkoch Heston Blumenthal. Für ihn entwickelte Enivrance das so genannte „See-Brot", das die Intensivierung der Geschmackswahrnehmung mit allen Sinnen zum Ziel hat. Die sandfarbene, wellenförmige Brotscheibe liefert fast ein komplettes Hörspiel beim Essen: Biss für Biss klingt das Mehl-See-gras-Gebäck nacheinander wie ein Möwenschrei, wie knirschender Sand und schließlich wie Wellenrauschen am Strand.

Stardesigner zu Tisch!

Bei den Accessoires ist ein ähnlicher Trend zu beobachten, wie beim Essen selbst. Avanciertes Design, Perfektion des Handwerkes und Konzentration auf Qualität gelten auch bei Geschirr und Besteck, Messern, Töpfen und Küchengeräten mittlerweile als wichtige Kriterien, um auf einem gesättigten Markt reüssieren zu können. Mit der neuen Lust am Kochen, der Renaissance des gemeinsamen Mahls (siehe Leitidee 3), wächst auch wieder das Interesse an der Tischkultur. „Bemerkenswert ist", so Roland Schmid, Verkaufsleiter von WMF-Österreich, „dass neuerdings auch junge Leute Interesse an gutem und schönem Besteck bekunden."

Das neu erwachte Interesse an Esswerkzeugen lässt die Hersteller auch Stardesigner und Architekten zu Tisch bitten, wie etwa Zaha Hadid, die jüngst für WMF ihre Neuinterpretation klassischen Bestecks abgeliefert hat. Legendär sind auch die zahlreichen Küchenutensilien des Stardesigners Phillip Starck. Die Zitronenpresse Juice Salif schrieb – auch wenn ihr praktischer Nutzen umstritten ist – Geschichte und läutete eine neue Ära des Koch-Equipments ein. Designstücke erobern zunehmend unsere Regale und Herdplatten. Starck-Schüler Patrick Jouin entwarf für den französischen Haubenkoch Alain Ducasse einen Pasta-Topf, der in kurzer Zeit ebenso zum Designklassiker avancierte wie zuvor die Toaster im Porsche-Label und -Look und die Kaffeemaschinen von Lamborghini.

Die gehobene Gastronomie ist diesbezüglich ein wichtiger Trendsetter. In etlichen Top-Restaurants wird das Besteck alle zwei Jahre gewechselt. „Damit demonstriert man Exklusivität. Interessantes Besteck gehört heute ganz selbstverständlich zur Inszenierung", ist Christian Schett, Geschäftsleiter von Berndorf, überzeugt.

Erst kürzlich hat das österreichische Traditionsunternehmen Stamm, das sich seit über 150 Jahren auf die Fertigung von Dekorationsgegenständen spezialisiert hat, in der Wiener City einen neuen Concept Store eröffnet. Betritt man den neuen Shop, wird man von funkelnden Lichtspielen in den Bann gezogen. An der Grenze zwischen Kunst und Design präsentiert Stamm Weltmarken der Tafelkultur, sowie Produkte aus der eigenen Tätigkeit als Verleger für junges und zeitgenössisches Design: Anmutig reihen sich filigran geformte Gläser neben dominante Vasen, glänzen Kristalle mit poliertem Silber um die Wette.

Männersache Design

Angesprochen wird mit dieser avancierten Ästhetik vor allem eine neue Zielgruppe in der Küche: Männer. Mit neuen Rollenmodellen spielend, experimentieren sie zunehmend auch als Ernährer im wahrsten Sinne des Wortes, indem sie Schneebesen mit elektronischer Temperaturanzeige im Jamie-Oliver-Topf-Set schwingen und im strahlend weißen oder elegant schwarzen Miele Kombidampfgarer einen Kalbsrücken zubereiten. Aber auch auf diesem Gebiet kann eine generelle, geschlechterunabhängige Demokratisierung des Designs beobachtet werden. Galt etwa bei Ikea lange Jahre eher das Prinzip „Undesign", setzt das schwedische Unternehmen seit Mitte der neunziger Jahre auf die Kooperation mit externen, jungen Kreativen. So kommt etwa mit der Reihe 365+ ein Geschirrdesign von viel versprechenden Produktgestaltern wie Lovisa Wattman oder Håkan Olsson in die Küchen, das ansonsten nur für ein Vielfaches des Preises erhältlich ist.
Gerade im Low-Budget-Segment erfreuen sich schönes Geschirr und diverse Accessoires für die Tischdekoration immer größerer Beliebtheit. Bei IKEA, Interio und ähnlichen Einrichtungshäusern zählen diese zu den umsatzstarken Produkten und zeugen von der Demokratisierung des (Ess-)Designs, das längst nicht mehr nur einer betuchten Avantgarde vorbehalten ist oder bloß zu besonderen Anlässen eine Rolle spielt.
Ästhetik wird mehr und mehr alltäglich. Für den Philosophen Konrad Paul Liessmann ist das nicht wirklich überraschend, denn „Alltag und Ästhetik haben vorab eine fundamentale Erfahrung gemeinsam: Beiden können wir nicht entrinnen." LIESSMANN 2009. Der Alltag ist das, was immer geschieht. Es ist der Ort für Gewohnheiten und Wiederholungen, für Routinen und Rituale, für standardisierte Handlungsabläufe und mechanisierte Verrichtungen. Auch unsere Essererfahrungen, die wir alltäglich machen, sind gewöhnlich ohne jede

größere Überraschung, wenn wir nicht gerade auf Listerien-Käse beißen, in Ferran Adria's el Bulli speisen, zum ersten Mal für den neuen Lover kochen oder im australischen Outback gegrillte Witchetty Maden kosten.

Natürlich verlangt uns auch der Alltag immer wieder kleine oder manchmal auch größere Entscheidungen ab, gibt es hin und wieder auch Überraschungen. Aber solange es sich um Alltag handelt, machen wir das Übliche, und solange wir das Übliche machen, handelt es sich um den Alltag. Wir können ihm nicht entkommen – und wären, wenn es uns doch gelänge, auf Dauer ziemlich überfordert.

„Aber", so Liessmann, „auch der Ästhetik können wir nicht entrinnen. Aisthesis heißt Wahrnehmung, und wir können nicht anders, als wahrnehmend leben." Der Mensch ist ein Sinnenwesen, und egal in welcher Situation und körperlichen Konstitution wir uns befinden – irgendetwas sehen, hören, riechen, schmecken, fühlen und spüren wir immer. Nicht immer in derselben Intensität, nicht immer auf denselben Sinn konzentriert, nicht immer mit derselben Aufmerksamkeit – aber irgendetwas nehmen wir immer wahr.

Die alltägliche Wahrnehmung ist allerdings davon gekennzeichnet, dass es sich um eine äußerst reduzierte, auch unkonzentrierte Wahrnehmung handelt. Die meisten Reize, die unsere Sinnesorgane aufnehmen können, werden erst gar nicht einer bewussten Wahrnehmung zugeführt. Die Tischdekoration, besonderes Besteck, gefällig präsentierte Speisen, gedimmtes Licht, sogar die passende Musik können dabei helfen, unsere Aufmerksamkeit aufs Essen zu fokussieren und tragen damit zu einer bewussten Wahrnehmung der Gerichte bei, die den Genuss befördert.

Verpackung als Botschaft

Auch wenn die Vorstellung von „gutem" Essen immer schon mit „schönem" Essen verbunden war, so umfassend wurden unser Essen und unsere Lebensmittel jedoch erst in den letzten Jahrzehnten einer Ästhetisierung unterzogen. Wir leben in einer visuell geprägten Kultur, nehmen unsere Umwelt zuerst bildhaft wahr und ordnen Realitäten aufgrund visueller Eindrücke. Und wir werden immer empfindlicher für Stil und Design. Auch an das Einweggeschirr für Take Aways und To Go Foods steigen die Ansprüche. Funktional muss es sein und dabei noch gut aussehen: Der Becher für die Cola, die Pappschachtel für den Burger, die Tüte für die Pommes oder das Plastikkästchen für Sushi und Sashimi; sie werden oft nur wenige Minuten gebraucht und verschwinden dann achtlos im Mülleimer – Designobjekte der Fast Food-Kultur. Manche davon stehen schon heute im Museum.

Die Verpackung wird von Konsumenten zunehmend nach ästhetischen und modischen Ansprüchen bewertet. Der Café Latte in der Hand ist nicht nur ein Milchkaffee in einem Pappbecher. Er steht ebenso für ein Lebensgefühl. Dazu müssen Farben und Formen des Bechers stimmen und nicht nur der Kaffee heiß gehalten werden. Für Coffee Shops gelten hier die gleichen Regeln wie für andere Konsumartikel: Der Becher ist der Botschafter der Marke und durchläuft aufwendige Marktforschungsstudien.

Denn Verpackungen müssen jenseits ihrer funktionalen Aufgaben auch die jeweiligen „Werte" der Marke widerspiegeln, die Qualität der Ware herausstellen und emotionale Wirkung haben. Wie zum Beispiel das spezielle Brotpapier der Hofpfisterei in München; es hält nicht nur das Brot länger frisch, sondern informiert auch über die Zusammensetzung und die Qualitätsphilosophie der Produkte; und es lässt sich nach Verwendung ökologisch korrekt entsorgen: die zwei Schichten des Verpackungspapiers sind einfach zu trennen und können im Altpapier- bzw. Kunststoff-Container deponiert werden.

In Zukunft werden noch wesentlich „intelligentere" Verpackungen zum Einsatz kommen, bei denen Design eine weit über die Ästhetisierung hinausreichende Funktion hat: Zum Beispiel Verpackungen, die durch Farbveränderungen anzeigen, wann ein Produkt sein Mindesthaltbarkeitsdatum erreicht hat. Solche Designinnovationen stehen kurz vor der Serienreife und werden zum Beispiel für Fruchtsäfte und andere sauerstoffempfindliche Getränke Verwendung finden.

Design als Orientierungshilfe

Schon heute sind Verpackung und Design Bestandteile eines umfassenden „Informationssystems", das bessere Orientierung im Schlaraffenland verspricht. Allerdings spricht es in den letzten Jahren mitunter eine völlig neue Sprache: Zartbitter gleich rot, Vollmilch immer blau und Nuss in grüner Hülle – das war zum Beispiel die Schokoladensprache von anno dazumal. Heute spiegeln edel gestaltete Verpackungen in Schwarz, Gold und Rot die Namen der Premium-Chocolatiers wie Amedei, Bonnat, Domori oder Dolfin wider. Aber nicht nur der äußere Auftritt der Schokolade verändert sich, auch die Riegel und Rippen bekommen ein neues Design.

Die italienische Design- und Architektur-Agentur Jjuice hat gemeinsam mit der traditionsreichen Turiner Edelpatisserie Gertosio der Schokolade nicht nur ein neues Aussehen gegeben, sondern gleich ein neues Label geschaffen. Sechs verschiedene Produkte sind unter dem Namen Lagrange 34 erhältlich, die durch ihre neue Form ins Auge stechen. Die Designer haben unter anderem den Stadtplan von

Turin integriert und aus den Tafeln geometrische Objekte geformt. In Zukunft wird die Ästhetik der Verpackung, der Produkte und ihrer Präsentation noch wesentlich mehr Einfluss auf unsere Lebensmittel- und Speisenwahl gewinnen. Schon heute sind – laut der IRI-Studie *Der Shopper 2006 am POS* – 41 Prozent der Konsumenten bereit, für ein Produkt mit multisensorischen Komponenten wie Sehen, Tasten, Riechen und Hören mehr zu bezahlen. Jeder Dritte zieht beim Kauf dabei eine optisch ansprechende Verpackung vor. Und die Anforderungen an die Gestaltung steigen in dem Maße, in dem Design sich immer stärker demokratisiert.

Mittlerweile gibt es in Deutschland auch schon eine eigene Messe, die kulinART, die alljährlich zum geselligen, genuss- und stilvollen Ereignis lädt: Kulinarische Köstlichkeiten, edle Accessoires, „geschmackvolle" Einrichtungen wecken alle Sinne und inspirieren den Endverbraucher. Informationen über Food Trends, Qualität, Design und Kunst ergänzen die komplexe Messe rund um Genuss und Stil und erhöhen das Interesse am Erlebniskauf.

Gut und grün

Nicht nur luxuriöse Genussmittel wie exquisite Schokoladen, Kaviar und Gänseleber finden sich heute in hochwertigen Best-Design-Verpackungen. Auch Bioprodukte lassen sich längst nicht mehr in schnöden Jutesäckchen an den Mann oder die Frau bringen. Dass sich Ökologie und Design nicht ausschließen, sondern fast schon bedingen, zeigen die LOHAS. Der Lifestyle of Health and Sustainability inkludiert neben ethischen Wertvorstellungen immer auch hohe ästhetische Ansprüche. Der internationale Erfolg von Produkten wie den Tee-Sorten von Today was Fun liegt nicht nur an den hohen biologischen Standards, sondern eben auch an einer exzellenten Produktgestaltung und -sprache. Auch die spanische Schokoladenmanufaktur Chocolate Orgániko ist ein Musterbeispiel für den neuen Greenstyle: Die Zutaten für die Schokoladen stammen aus biologischem Anbau, das Design aus einer Madrider Kreativenschmiede. Produktgestalter, Kommunikationsdesigner und Food-Experten bilden das Team von Chocolate Orgániko, um dessen Produkte sich Gourmets (Gewinner des Premios Alimentos de Espana 2006) wie Ästheten (Wallpaper-Magazin, Dezember 2006) reißen. Längst haben auch Weinproduzenten den Mehrwert der Gestaltung entdeckt. Die Optik der Etiketten war lange Zeit – zumindest in den deutschsprachigen Regionen – von einem traditionellen Design geprägt. Ein Künstleretikett war das höchste der Gefühle, was einem Wein an Gestaltung in den letzten Jahrzehnten zuteil wurde. Doch eine junge Generation Winzer, die nicht nur in Kellern und Weinbergen ordentlich aufräumt, verändert auch die Produktkommunikation der Weine völlig. Als erstes Weingut weltweit hat Tesch den Red Dot Design Award erhalten. Die Weine haben nicht nur einprägsame Namen wie „Unplugged", sondern ihnen sind zur leichteren Orientierung der Konsumenten Farben zugeordnet, die die spezifische Charakteristik des jeweiligen Weins signalisieren. Einprägsam wird den Kunden zudem mit „Kork hat frei" oder „Tesch dreht auf" auch zu verstehen gegeben, dass sich das Weingut für moderne Verschlusstechniken entschieden hat.

Beauty Beispiel Wein

Wein ist überhaupt ein fast perfektes Beispiel für die „Beautysation" eines Produktes. Österreichische Topwinzer übertrumpfen sich seit Jahren mit avancierten Architekturen ihrer Verkostungs- und Verkaufsräume. Vinotheken und Keller zählen zu den architektonischen Ikonen in der baukünstlerischen Wüste der niederösterreichischen, steirischen und burgenländischen Weinbaugebiete. Und in Wien eröffnete erst unlängst ein Boutique Hotel mit dem Untertitel „Wein & Design" seine Pforten, um dem vom US-Stararchitekt Steven Holl entworfenen Loisium im Kamptal den Rang des „vinophilsten" Hotels des Landes abzulaufen: 31 österreichischen Winzern, dem Champagnerhaus Lallier und dem oberösterreichischen Schnapsbrenner Hans Reisetbauer sind je ein Zimmer gewidmet. Die jeweiligen Etiketten sind auf die Türen affichiert, Fotos des Gutes und der Region zieren die Zimmerwände. Und in den Minibars finden sich statt der üblichen 08/15-Stifterln die jeweiligen Bouteillen zu trinkfreundlichen Konditionen. Unter den vertretenen Winzergrößen finden sich Betriebe wie Achs, Arachon, Bayer, Bründlmayer, Feiler-Artinger, Jamek, Preisinger oder Zahle.

Um Markenprodukte zu etablieren, muss das gesamte Erscheinungsbild des Unternehmens darauf abgestimmt werden: Es sollte prägnant sein, um sich von den Mitbewerbern abzuheben. Es sollte konsistent sein, um die Wiedererkennbarkeit in allen Situationen zu gewährleisten und es sollte Kontinuität vermitteln, um Vertrauen beim Kunden zu schaffen.

Sehen, Staunen, Schmecken: Die neue Ästhetik im Retail

Auch ein Blick in einen der neuen, von Architekten gestalteten Supermärkte macht klar: Design und Essen sind heute fast schon eine automatische Kombination geworden. Genuss bekommt in diesem

Zusammenhang einen doppelten Charakter: Nicht allein die Lebensmittel müssen verführen, sondern bereits der Auftritt des Einzelhändlers. Und avancierte Architektur sorgt dabei für ein Alleinstellungsmerkmal. Das österreichische Familienunternehmen M-Preis lässt alle Märkte als architektonische Unikate – die meisten von Stararchitekten entworfen – errichten. Mit über 20 Baukünstlern hat das Unternehmen bereits zusammengearbeitet und Gebäude kreiert, die in Architektur- und Designzeitschriften einen Dauerauftritt haben. Jeder M-Preis-Supermarkt wird speziell für den Standort entworfen. Das Design setzt sich auch im Inneren fort: So ziert das Wurstpapier Lyrik von Eugen Roth oder Ringelnatz. Die Fassade des Markts in Telfs-Puite besteht fast gänzlich aus Glas, so dass beim Einkaufen Umgebung und Natur integriert sind.

Limit Architects in Wien, ein vor allem auf Shop-Architektur spezialisiertes Büro, entwarfen für den Lebensmittelhändler Merkur ein komplettes neues Corporate Design, das in der Architektur zahlreicher Supermärkte zum Ausdruck kommt. Der flache Kubus mit strahlend weißer Farbgebung in Kombination mit dem grünen Firmenlogo soll Assoziationen mit Hygiene und Frische wecken. Im Inneren bringt ein Leitsystem mit genauer Typografie und Farbigkeit den Kunden schnellstmöglich zur gewünschten Ware. Großformatige Fotografien über den Regalen erleichtern die Suche. Das Café – in strahlendem Weiß gehalten – fügt sich nahtlos ins Corporate Design des Supermarkts.

Architektur und Design versprechen, dass der Wocheneinkauf in Zukunft nicht mehr nur Erledigung, sondern Erlebnis, der Gang zum Supermarkt nicht mehr alltägliche Last bleibt, sondern zum lustvollen Shoppen wird.

„Die wirklich ‚schönen' Dinge des Lebens", so könnte man in den Worten Liessmanns auch das neue Design der Supermärkte bewerten (und Supermärkte zählen ja tatsächlich zu den häufig genutzten „Dingen" unseres alltäglichen Lebens), „weisen nicht nur ein hübsches oder extravagantes Design auf; sie sind nicht nur elegant oder reizend, witzig oder originell." Sie sind – und das gilt auch für alle anderen Bemühungen, unser Essen nicht nur besser, sondern (von der Verpackung bis zur Präsentation auf dem Teller) auch schöner zu machen – dann schön, „wenn sie die Alltäglichkeit des Alltäglichen selbst bis hin zum Kitsch verklären können, indem sie die technischen, kommunikativen und sozialen Funktionalitäten des Alltags mit einem Schimmer versehen, der nicht nur unseren Sinnesorganen schmeichelt und unseren Geschmack befriedigt, sondern eine leise Ahnung davon vermittelt, was es hieße, ein zumindest in Momenten geglücktes Leben zu führen." LIESSMANN 2009.

So gesehen sieht es für die Zukunft nicht nur schön, sondern auch gut aus.

Food Change: Zukunftsmenü 7

In Zukunft werden wir noch viel mehr mit den Augen essen. Die schönsten Accessoires für eine bessere Esskultur:

Konsumenten ...

... suchen nach neuen ästhetischen Möglichkeiten ihren Essalltag genussorientierter und damit bewusster zu gestalten

... werden bei der Gestaltung ihrer Tischkultur experimenteller, neugieriger und individueller

... verbinden schönes Äußeres mit gutem Inneren, d. h. sie erwarten, dass das Design der Verpackung auch Rückschlüsse auf die Qualität des Produkts zulässt

... wissen schöne Verpackungen zu schätzen, die einen Zusatznutzen (Information, längere Haltbarkeit etc.) haben und recyclebar oder wiederverwendbar sind

... verlangen auch von regionalen und „puren" Produkten adäquates, intelligentes Design

Produzenten ...

... messen dem Design mehr und neue Bedeutung bei

... verfolgen verstärkt ganzheitliche Designstrategien, die über das einzelne Produkt hinausgehen

... entwickeln über die konsequente, interaktive Einbindung ihrer Kunden neue, verbraucherfreundliche Designlösungen

Gastronomen ...

... sind ständig mit neuen, sich entwickelnden Ansprüchen an das Ambiente, Licht, Möbel, Geschirr, Besteck etc. konfrontiert

... arbeiten mit regionalen Designern und Produzenten (Geschirr, Besteck etc.) zusammen, um die regionalen Eigenheiten besser optisch herauszuarbeiten

... verstehen die Präsentation ihrer Speisen als Visitenkarte ihrer Qualitätsphilosophie

... widmen dem Gesamteindruck ihres Lokals deutlich mehr Augenmerk

Handelsunternehmen ...

... entwickeln das Gestaltungsniveau ihrer Units ständig weiter

... erarbeiten neue Design-Strategien, um ihren Qualitätsanspruch auch optisch auf allen Ebenen umzusetzen

... entwickeln neue Serviceangebote, um den ästhetischen
Erwartungen ihrer Kunden interaktiv gerecht zu werden

... stärken den optischen Auftritt ihrer Waren, insbesondere ihrer
Frischabteilungen und setzen Informationen über Herkunft und
Anbaumethoden besser in Szene

... achten bei der Verpackung von Frischeprodukten nicht mehr
nur auf den Preis, sondern auch auf Funktion, Schönheit und
Nachhaltigkeit

... bearbeiten ihren Onlineauftritt verstärkt unter dem Gesichtspunkt
Optik und Design

... zeigen Designkompetenz auch bei Angeboten im Non-Food-
Bereich (Kochbücher, Accessoires etc.)

XGEJRH
BOMFQD
LKSWNP
AYVICZTU

Literatur

AC Nielsen (2008), Bio-Trend im Lebensmittelhandel, in:
http://www.acnielsen.co.at/news/pr20071018.shtml, 14.04.2008

Arendt, Hannah (1992), Die antike Polis und der Haushalt, In: Oikos – Von der Feuerstelle zur Mikrowelle – Haushalt und Wohnen im Wandel, Gießen.

Barlösius, Eva (1999), Soziologie des Essens. Eine sozial- und kulturwissenschaftliche
Einführung in die Ernährungsforschung, München

Barlösius, Eva (1999), Der ewige Streit über die „richtige Ernährung". In: Ernährungs-
Umschau 46, Heft 11, Frankfurt a. M.

Bergmann, Karin (1999), Industriell gefertigte Lebensmittel – Hoher Wert und schlechtes
Image?, Schriftenreihe der Dr. Rainer Wild-Stiftung, Heidelberg

Blanke, Karen | Manfred Ehling | Norbert Schwarz (1996): Zeit im Blickfeld.
Ergebnisse einer repräsentatitiven Zeitbudgeterhebung. Schriftenreihe des
Bundesministeriums für Familie, Senioren, Frauen und Jugend Bd. 121, Stutt-
gart/Berlin/Köln

Bourdieu, Pierre (1982), Die feinen Unterschiede. Kritik der gesellschaftlichen
Urteilskraft, Frankfurt a. M.

Braudel, Fernand (1985), Sozialgeschichte des 15.–18.Jahrhunderts. Der Alltag,
München

Brillat-Savarin, Jean Anthelme (1991), Physiologie des Geschmacks oder Physiologische
Anleitung zum Studium der Tafelgenüsse, München

Brooks, David (2002), Die Bobos – Der Lebensstil der neuen Elite, München

Burke, Peter (1992), Die Renaissance in Italien. Sozialgeschichte einer Kultur
zwischen Tradition und Erfindung, Berlin

Camporesi, Piero (1992), Der feine Unterschied: Luxus und Moden im 18. Jahrhundert,
Frankfurt/Main

Capalbo, Carla (2009), Cook It Raw! How eleven of the world's top chefs went wild in
Copenhagen, in: Savour. Magazine of The Guild of Food Writers, Vol. 2

Corti, Severin (2009), Rohes Fest! in: Rondo, 4.Dezember, Wien

Degen, Rolf (1999), Vergangene Lust am Essen, Tabula – Nummer 2, Bern

**Döcker, Ulrike | Irene Kloimüller | Günther Landsteiner | Christian Nohel
Harald Payer | Hanni Rützler | Reinhard Sieder | Kurt Stocker** (1994),
Fetter Schwerer Schneller Mehr – Mythen und Fakten vom Essen und Trinken,
IKUS-Lectures, Wien

Dollase, Jürgen (2005), Geschmacksschule, Wiesbaden

Dollase, Jürgen (2006), Kulinarische Intelligenz – E=mc², Wiesbaden

Dorandt, Stephanie (2005), Analyse des Konsumenten- und Anbieterverhaltens am
Beispiel von regionalen Lebensmitteln, Schriften zur Ökotrophologie, Band 1,
Hamburg

Eberle, Ulrike | Doris Hayn (2007), Ernährungswende. Eine Herausforderung für
Politik, Unternehmen und Gesellschaft, Hrsg. vom Öko-Institut und dem
Institut für sozialökologische Forschung, Broschüre

Elmadfa, Ibrahim | Mirijam Weichselbaum (2004), European Nutrition & Health Report,
Basel

Elmadfa, Ibrahim (Hrsg.) (2003), Österreichischer Ernährungsbericht 2003, Wien

Ello-Martin, Julia A. u. a. (2007), Dietary energy density in the treatment of obesity: a year-
long trial comparing 2 weight-loss diets, in: American Journal of Clinical
Nutrition, Vol. 85 (Downloaded from www.ajcn.org at Charité – Med. Bibliothek
953332 on September 14, 2009)

Europäisches Parlament (EP) (25. Sep. 2008), P6_TA(2008)0461, Ernährung, Übergewicht,
   Adipositas (Weißbuch), Entschließung des Europäischen Parlaments zum Weißbuch Ernährung, Übergewicht, Adipositas: Eine Strategie für Europa
   2007/2285INI

Fischler, Claude (1993), L'Homnivore. Le goût, la cuisine et le corps, Paris

Fischler, Claude (2000), Man ist, was man isst. In: Neue Zürcher Zeitung,
   14./15. Oktober, Zürich

GDI (Hrsg.) (2008), European Food Trends Report – Perspektiven für Industrie,
   Handel und Gastronomie, Rüschlikon/Zürich

Generali Geldstudie Österreich (2008), Wofür die Österreicher Geld ausgeben. In:
   http://www.generali.at/__C1256A6F0044EA06.nsf/ie/86F4A443F1E00E30C1257
   3BF0035ED52?OpenDocument-Geldstudie in Österreich

GfK Austria GmbH (Hrsg.), (2002) Österreichische Ernährungsstudie

GfK Austria GmbH (Hrsg.), (2007) Österreichische Ernährungsstudie

GfK Austria GmbH (Hrsg.), (2010) Österreichische Ernährungsstudie

Giger, Andreas (2004), Lebensqualitäts-Märkte – Wege aus der Sättigungsfalle,
   Kelkheim

Gottwald, Franz-Theo (2007), Dauerhaft gut leben oder: wie man lernen kann, dass
   weniger manchmal mehr ist. In: Haushalt und Bildung, Heft 2

Gottwald, Franz-Theo | Anke Steinbach (2009), Nachhaltigkeits-Innovationen in der
   Ernährungswirtschaft. Von Bio-Pionieren und konventionellen
   Innovationsführern, Hamburg

Guiliano, Mireille (2004), Warum französische Frauen nicht dick werden, Berlin

Guimarães, Leonor (2006), Alain Passard, Kochen für Vegetarier, in: www.cafebabel.de

Grimes, William (2004), Eating your Words, Oxford

Harris, Marvin (1995), Kannibalen und Könige – Die Wachstumsgrenzen der
   Hochkulturen, München

Harrus-Révidi, Gisèle (1996), Die Kunst des Genießens. Eßkultur und Lebenslust,
   Düsseldorf

Hoff, Tanja | Reinhard Bergler (2002), Genuss und Gesundheit, Köln

Horx, Matthias (2009), Das Buch des Wandels – Wie Menschen ihre Zukunft
   gestalten, München

Horx, Matthias (2009), Trend-Report 2009. Soziokulturelle Schlüsseltrends für die
   Märkte von morgen, Kelkheim

IRI (Hrsg.) (2006), Der Shopper 2006 am POS, Deutschland

Jütte, Robert (2000), Geschichte der Sinne – Von der Antike bis zum Cyberspace,
   München

Juul, Jesper (2005), Was gibt's heute? Gemeinsam essen macht Familie stark, Basel

Karmasin, Sophie (2010), Foodstyle, Klimaschutz – Was wünscht der Konsument? Wien

Kaufmann, Jean-Claude (2006), Kochende Leidenschaft – Soziologie vom Kochen und Essen, Konstanz

Kirig, Anja | Hanni Rützler (2007), Food Styles. Die wichtigsten Thesen, Trends und
   Typologien für die Genuss-Märkte, Zukunftsinstitut-Studie, Kelkheim

Koppenhöfer, Eva (2004), Kleine Schule des Genießens, Groß Umstadt

Lemke, Harald (2007), Die Kunst des Essens. Eine Ästhetik des kulinarischen
   Geschmacks, Bielefeld

Lemke, Harald (2007), Ethik des Essens. Eine Einführung in die Gastrosophie, Berlin

Liessmann, Konrad Paul (2009), Die schönen Dinge des Lebens, in: Die Presse, 3. April

Lotter, Wolf (2007), Das richtige Maß. In: brand eins, Heft 7, Juli, S. 46–56

Lotter, Wolf (2009), Der Kompass. In: brand eins, Heft 6, Juni, S. 46–48

Manz, Friedrich | Irmgard Manz (2005), Sinnesentwicklung und Sinnesausprägung beim
   Föten und Säugling, in: Dietrich von Engelhardt/Rainer Wild (Hg.), Geschmacks-
   kulturen. Vom Dialog der Sinne beim Essen und Trinken. Frankfurt a. M.

FOOD CHANGE – 7 LEITIDEEN FÜR EINE NEUE ESSKULTUR

Mennella, Julie | C.E. Griffin | G.K. Beauchamp (2004), Flavor Programming During Infancy, in: Pediatrics, Vol. 113

Nestlé Studie (2009), So is(s)t Deutschland. Ein Spiegel der Gesellschaft, Frankfurt a. M.

Nohel, Christian | Harald Payer | Hanni Rützler (2003), 2. Österreichischer Lebensmittelbericht, Die Entwicklung des Lebensmittelsektors von 1995 bis 2002, Bundesministerium für Land- und Forstwirtschaft, Umwelt und Wasserschutz (Hrsg.), Wien

Nohel, Christian | Harald Payer | Hanni Rützler: Lebensmittelreport, Wien 1999

O'Neill, Molly (1992), How the Top Chefs Learned to Make Meat and Potatoes Out of Vegetables, New York Times, June 17

Plattig, Karl-Heinz (1995), Spürnasen und Feinschmecker – Die chemischen Sinne des Menschen. Frankfurt a. M.

Pratt, Steven | Kathy Matthews (2005), Fourteen Foods that will change your life, Random House

Pudel, Volker | Joachim Westenhöfer (1991), Ernährungspsychologie – Eine Einführung, Göttingen

Pudel, Volker (2002), Fett macht fett. In: Süddeutsche Zeitung Magazin, 6. Dezember, München

Pudel, Volker (1995), Ketchup, Big Mac Gummibärchen – Essen im Schlaraffenland, Berlin

Reinhardt, Guido | Sven Gärtner | Julia Münch | Sebastian Häfele (2009), Ökologische Optimierung regional erzeugter Lebensmittel: Energie- und Klimagasbilanzen, Heidelberg

RollAMA (Hrsg.) (2009), Haushaltspanel 1/2009, Wien

Röttgers, Kurt (2009), Kritik der kulinarischen Vernunft. Ein Menü der Sinne nach Kant, Bielefeld

Rützler, Hanni (1995), Bewusst Essen – Gesund Leben. Eine kritische Anleitung zur vollwertigen Ernährung, Wien

Rützler, Hanni (2000), Executive Summary der AC Nielsen Essenstudien Sommer 1999 und Winter 2000. In: AC Nielsen Essensstudie – Wie isst Österreich? Wien

Rützler, Hanni (2005), Was essen wir morgen? Wien

Rützler, Hanni (2007), Kinder lernen essen. Strategien gegen das Zuviel, Wien

Schwartz, Barry (2004), Anleitung zur Unzufriedenheit. Warum weniger glücklicher macht, Berlin

Sen, Amartya (2000), Ökonomie für den Menschen. Wege zu Gerechtigkeit und Solidarität in der Marktwirtschaft, München

Seymour, John (1997), Das große Buch vom Leben auf dem Lande, Ravensburg

Smith, Alisa | J.B. MacKinnon (2007), The 100-Mile Diet – A Year of Local Eating, Ontario

Sorgo, Gabriele (2010), Die Einverleibung der Welt. In: Ingried Brugger/Heike Eipeldauer (Hrsg.), Augenschmaus. Vom Essen im Stillleben, Wien

Standage, Tom (2010), Der Mensch ist, was er isst: Wie unser Essen die Welt veränderte, Mannheim

Stolz, Matthias | Ole Häntzschel (2010), Die große Jahresschau. Alles, was 2010 wichtig ist, München

Stummerer, Sonja | Martin Habelsreiter (2005), Food Design, Wien

Symons, Michael (2004), Live to Cook: Recipes and Techniques to rock Your Kitchen

Taleb, Nassim Nicholas (2008), Der schwarze Schwan. Die Macht höchst unwahrscheinlicher Ereignisse, München

The Hartman Group (2009), Contemporary Food Trends. Emergent Themes in Products, Retailers and Restaurants, Report, Bellevue, WA

Tschofen, **Bernhard** (2006), Regionale Küche. Theoretische Blicke auf eine reflexionsbedürftige Praxis, in: journal culinaire. Kultur und Wissenschaft des Essens, Heft 6

Vaerst, **Friedrich Christian Eugen von** (1979), Gastrosophie oder Lehre von den Freuden der Tafel, München (Neuausgabe des 1851 in Leipzig erschienen Buches)

Verbraucherzentrale Bundesverband (2008), Klimaschutz im Bereich Landwirtschaft und Ernährung, in: Ernährung – Wissenschaft und Praxis, Vol 2.

Wagner, **Christoph** (2004), Jeder will ein Genießer sein. In: Lust & Leben, Frühling

Waidmann, **Verena** (2008), Regionalität als Wettbewerbsfaktor im österreichischen Lebensmittelbereich, Diplomarbeit, Universität Wien

Waste & Resources Action Programm (WRAP) (2008), The food we waste, Food waste report vol. 2, Banbury, Oxon

Wenzel, **Eike** (2009), Sinnmärkte, Zukunftsinstitut-Studie, Kelkheim

Wenzel, **Eike | Matthias Horx | Oliver Dziemba** (2009), Die Matrix des Wandels, Zukunftsinstitut-Studie, Kelkheim

Williams, **E.W.** (1954), Quick Frozen Foods, New York

Wüstenhagen, **Claudia** (2009), Die Wahrheit über unser Essen, in: Zeit online – Zeit Wissen Magazin, 8. Oktober (aufgerufen am 20.4.2010)

Zukunftsinstitut (Hrsg.) (2005), Pleasure Markets – Die neuen Luxus- und Genussmärkte, Kelkheim

Zukunftsinstitut (Hrsg.) (2006), Gesundheitstrends 2010 – Von der Symptom-Medizin zur neuen Gesundheitskultur, Kelkheim

Mag. Hanni Rützler, die Doyenne der österreichischen Ernährungswissenschaft, ist Gründerin und Leiterin des futurefoodstudio in Wien und beschäftigt sich als Foodexpertin und Trendforscherin seit vielen Jahren mit der Zukunft unsere Ernährung. Sie ist Autorin zahlreicher Bücher zu den Themen regionale Esskulturen, Lebensmittelquailtät, Genuss und gesunde Ernährung. Als Future-Speakerin des Zukunftsinstituts von Matthias Horx und Mitglied in zahlreichen wissenschaftlichen Beiräten und Organisationen ist sie in ganz Europa eine angesehene Referentin, Beraterin und Workshopleiterin.

Dr. Wolfgang Reiter ist Kulturwissenschafter, Publizist und Kunstmanager. Neben seiner Tätigkeit als Feuilleton-Redakteur (Falter, profil und Neue Zürcher Zeitung) sowie danach als Dramaturg, Intendant und Regisseur (in Graz, Zürich und Wien) galt sein Interesse stets auch gastrosophischen Themen; theoretisch (als Restaurant-Kritiker u. a. für A la Carte), praktisch (als ambitionierter Hobby-Koch) und wissenschaftlich: Gemeinsam mit Hanni Rützler arbeitete er Mitte der 1990er Jahre am Institut für Kulturstudien (IKUS) in Wien am ersten interdisziplinären Forschungsprojekte zur Ess- und Trinkkultur in Österreich.

futurefoodstudio ist das innovative Institut für Forschung, Beratung und Entwicklung im Ernährungsbereich

www.futurefoodstudio.at

1160 Wien, Brunnengasse 17

office@futurefoodstudio.at